10 DINGE, DIE ICH VON ALTEN MENSCHEN ÜBER DAS LEBEN LERNTE

Sonja Schiff: 10 Dinge, die ich von
alten Menschen über das Leben lernte

Alle Rechte vorbehalten
© 2015 edition a, Wien
www.edition-a.at

Lektorat: Anatol Vitouch
Cover: JaeHee Lee
Gestaltung: Hidsch

Gesetzt in der *Baskerville Old Serial*
Gedruckt in Europa

1 2 3 4 5 — *18 17 16 15*

ISBN 978-3-99001-139-3

SONJA SCHIFF

10 Dinge,
die ich von alten Menschen über das Leben lernte

Einsichten einer Altenpflegerin

edition a

INHALT

Vorworte

7   Altenpflege, der coolste Job der Welt.
11 Von Altenpflege erzählen trotz Schweigepflicht

Einsichten

13   Das Leben ist unberechenbar
39   Die Seele hat kein Alter
53   Weisheit gibt es nicht geschenkt
67   Mit sich selbst Frieden zu schließen macht frei
79   Die eigenen Talente wollen gelebt werden
93   Das Ziel des Lebens, ist das Leben selbst
107 Man erntet, was man gesät hat
125 Der Rucksack Deines Lebens ist immer dabei
142 Die Sehnsucht nach Liebe endet nie
157 Am Ende wird alles gut

Schlussworte

173 Wie ich mein eigenes Älterwerden leben will
181 Brief an die Altenpflege
185 Brief an Altenpflege-Politiker

189 **Literatur**

Altenpflege, der coolste Job der Welt

Als ich vor ein paar Jahren einem jungen, beruflich etwas desorientierten Mann empfahl, doch Altenpfleger zu lernen, lachte der mich nur aus und meinte entsetzt: »Was ich sicher nie werden möchte in meinem Leben, ist ein Arschputzer.«

Seien wir ehrlich. Mit dem Beruf der Altenpflege verbinden Menschen in der Regel nichts Angenehmes. Neben dem Umgang mit Kot, Urin und Erbrochenem denkt der größte Teil der Bevölkerung vielleicht auch noch an Schmerz, Leid und Tod. Aber sonst?

Bei so vielen negativen Zuschreibungen stellt sich die Frage, warum machen eigentlich Menschen diesen Job? Das auch noch gerne und engagiert. Weil Arschputzen so lustig ist? Helfersyndrom? Masochismus? Oder gar, weil sie keine andere Arbeit finden?

Was würden Sie davon halten, wenn ich Ihnen sage, dass Altenpflege der coolste Job der Welt ist? Sie würden lachen? Den Kopf schütteln? Nun, Altenpflege ist der coolste Job der Welt! Jedenfalls für mich und für viele andere, die diese Arbeit täglich verrichten.

Cool ist dabei nicht gleichbedeutend mit leicht. Leicht ist unsere Arbeit wahrlich nicht. Schon alleine deshalb nicht, weil wir Tag für Tag eine Menge Gewicht heben und tragen. Das

Gewicht von alten Menschen, die sich aufgrund einer Erkrankung im Bett nicht mehr alleine drehen oder nicht mehr alleine aufstehen können. Dazu kommen oft schlechte Arbeitsbedingungen, mäßige Bezahlung, fehlende Anerkennung und ein zu geringer Personalschlüssel. Die Zeit ist in der Altenpflege irgendwie immer knapp. So viele Hände, die gehalten und so viele Geschichten, die gehört werden wollen. Alte Menschen haben außerdem ein anderes Lebenstempo, es geht alles viel l a n g s a m e r, und wir Altenpflegerinnen und Altenpfleger haben kaum Zeit, uns diesem anderen Zeitgefühl anzupassen. Also, leicht ist unsere Arbeit wirklich nicht. Ob das der Grund ist, warum weniger als zehn Prozent der Altenpfleger Männer sind und entsprechend über neunzig Prozent Frauen? Ich weiß es nicht. In jedem Fall wäre es mir angesichts dieses Geschlechterverhältnisses absurd erschienen, in diesem Buch nur den Begriff »Altenpfleger« zu verwenden. Da ich Sie aber auch nicht damit nerven möchte, ständig beide Formen zu verwenden, schreibe ich ab jetzt über Altenpflegerinnen. In diesem Fall müssen sich die Männer eben einmal mitgemeint fühlen.

Warum Altenpflege also der coolste Job der Welt ist? Wegen der tausend Geschichten, die wir hören. Wegen der spannenden Persönlichkeiten, denen wir begegnen. Oder kennen Sie irgendeine andere Arbeit, bei der Sie persönlich einen berühmten Schauspieler treffen, der Ihnen erzählt, wie es war, vor neunzig Jahren die Bühne zu betreten? Kennen Sie einen anderen Job, der Ihnen die Möglichkeit gibt, eine Überlebende des Konzentrationslagers Auschwitz über mehrere Jahre täglich zu pflegen, mit ihr stundenlange Gespräche zu führen und sie bis zur letzten Lebensminute zu begleiten? Haben Sie je von irgendeinem anderen Arbeitsplatz gehört, der Sie zu einem der ersten Bezwinger eines Achttausenders führt und von dem Sie erfahren, wie es damals wirklich war und was nicht in der Zeitung stand?

Wenn ich an Altenpflege denke, dann fallen mir die Menschen ein, denen ich begegnet bin. Ich denke an die vielen Stunden, die ich in der Hauskrankenpflege, im Pflegeheim oder in der Pflegeberatung mit Patienten und alte Menschen verbracht habe, und an die vielen Gespräche, die ich mit ihnen geführt habe. Ich durfte hunderte Lebensgeschichten hören, wurde eingeweiht in Lebenserkenntnisse und habe viele gute Ratschläge für mein Leben mitgenommen. Über manche dieser Tipps habe ich in meiner jugendlichen Überheblichkeit zuerst innerlich milde gelächelt und sie weit von mir gewiesen. Aber im Laufe meines Lebens habe ich häufig, bewusst wie auch unbewusst, auf Anregungen meiner alten Patienten zurückgegriffen oder habe, in bestimmten Situationen, plötzlich verstanden, was die Person mir damals eigentlich sagen wollte.

Ich finde, Altenpflege ist der coolste Job der Welt. Auch wenn andere meinen, wir wären nur Arschputzer.

Von Altenpflege erzählen trotz Schweigepflicht

Als Altenpflegerin bin ich verpflichtet, die Privatsphäre meiner Patienten und alte Menschen zu schützen. Das bedeutet, es ist mir verboten, über meine Arbeit in einer Weise zu berichten, die Rückschlüsse zulässt auf die mir anvertrauten Menschen oder auf Pflegeeinrichtungen, in denen ich gearbeitet habe. Es war für mich daher eine große Herausforderung, über meine Arbeit und meine Erfahrungen zu berichten, von Begegnungen mit alten Menschen zu erzählen und gleichzeitig meine Schweigepflicht einzuhalten.

Die Geschichten und Begegnungen dieses Buches haben von ihrer jeweiligen Kernaussage tatsächlich wie geschildert stattgefunden. Es handelt sich also immer um wahre Begebenheiten. Um meine Schweigepflicht zu wahren, habe ich allerdings in allen Geschichten den Kontext verändert, sodass weder Menschen noch Einrichtungen zu identifizieren sind. Selbstverständlich wurden auch alle Namen für dieses Buch frei erfunden.

Einsicht 1

Das Leben ist unberechenbar

»Ich hatte solche Sehnsucht nach Wien. Also bin ich eben wieder zurück nach Österreich und habe hier noch einmal ganz von vorne angefangen.« Mit diesen Worten beendet Herr Bernstein seine halbstündige Erzählung, sieht mich zufrieden an und fügt hinzu: »Ich habe es wieder geschafft. Ja, ich hab es geschafft.«
Wie oft hatte ich diese Geschichte schon gehört? Achtzigmal? Hundertmal? Ich bin Altenpflegerin und besuche Herrn Bernstein jeden Tag zwei Mal, seit einem Jahr. Er kann nicht mehr alleine aufstehen, nicht mehr alleine duschen oder selbstständig auf die Toilette gehen. Aufgrund einer Erkrankung hat er kaum mehr Kraft in den Beinen. Beim Gehen bleiben seine Füße am Boden regelrecht kleben, sodass nach einer kurzen Strecke sein Oberkörper schneller ist als seine Beine und Herr Bernstein vornüberzufallen droht. Also komme ich jeden Tag am Morgen, helfe ihm aus dem Bett, begleite ihn ins Bad, unterstütze ihn beim Toilettengang, bei der Körperpflege, ziehe ihm eine Inkontinenzhose (Pflegelaien bezeichnen sie als »Windelhose«) an und unterstütze ihn beim Anziehen. Danach nimmt er wieder auf seinem Schlafsofa Platz, und ich serviere ihm sein Frühstück. Auf diesem Sofa verbringt Herr Bernstein sein jetziges Leben. Wenn er nicht mehr sitzen mag, hebt er die Beine hoch, legt sie ins Bett und schläft eine Runde.

Mittags kommt Essen auf Rädern, am späteren Nachmittag besucht ihn meist ein sich ebenfalls im Greisenalter befindender Freund und isst mit ihm zu Abend. Um Sieben Uhr komme erneut ich, dieses Mal um ihn auf das Schlafengehen vorzubereiten. Toilettengang, kleine Körperpflege, Pyjama anziehen, Inkontinenzhose und ab aufs Schlafsofa.

Herr Bernstein ist 95 Jahre alt und betont immer wieder, am Ende seines Lebens angekommen zu sein. Er lebt alleine in einer Zimmer-Küche-Kabinett-Wohnung, von der er jetzt nur noch das Kabinett bewohnt. Nachbarn und Freunde versuchen ihn dazu zu bringen, doch ins Seniorenheim zu übersiedeln, weil er dort nicht so alleine wäre. Aber Herr Bernstein hat beschlossen zu Hause, in seinem eigenen Bett, zu sterben.

Samuel Bernstein ist Jude und hat viel zu erzählen. Davon, wie alles begann, damals als die Nazis an die Macht kamen, als die Stimmung im Land plötzlich gekippt ist, von einem Tag auf den anderen. Als jene, die gerade noch einen Bilderrahmen zum Vergolden gebracht hatten, ihm plötzlich ins Gesicht spuckten, als die Nazis seinen kleinen Laden kaputtgetrampelt haben und er plötzlich ohne Arbeit dastand. Wenn alles in Trümmern liegt, braucht niemand einen Restaurator und Vergolder, schon gar keinen jüdischen.

Seine Mutter, seinen Vater und seine Geschwister haben sie abgeholt, als er versuchte, für seine Familie etwas Essbares aufzutreiben. Konzentrationslager Mauthausen. Seine Braut. Er weiß nicht, was aus ihr geworden ist. Er hat seine Lieben nie wieder gesehen.

Samuel Bernstein selbst konnte fliehen. Durch halb Europa. Nach Amerika. Mit dem Schiff. Dort drüben hat er von vorne angefangen. Zuerst in einer Fabrik, dann bei einem Tischler, einer Zimmerei, und später, als der Krieg vorbei war, wurden auch wieder Restauratoren gebraucht. Danach Heirat, zwei Söhne, das Leben und dann der Vietnamkrieg. An den verlor er seine Söhne, weil diese meinten, sie würden Amerika etwas schulden. Seine Frau Helen verkraftete den Tod der beiden Kinder nicht. Sie starb. Wie genau, was mit seiner Frau geschah, darüber will Herr Bernstein nicht sprechen. Er presst die Lippen zusammen, schließt die Augen und lässt die Tränen sich einen Weg durch seine Wimpern suchen.

»Mit dem da bin ich nach Amerika und mit dem da bin ich nach dem Tod meiner Frau wieder in Österreich angekommen«, erzählt Herr Bernstein und klopft dabei mit dem Knöchel seines rechten Zeigefingers auf den großen, dunkelgrünen, mit Messing beschlagenen Überseekoffer neben seinem Schlafsofa. Er nickt mir zu und ich öffne den Koffer, der innen mit einem grün-beige karierten Stoff überzogen ist.

Es ist unser tägliches Morgenritual vor dem Frühstück. Der Koffer ist voll mit Herrn Bernsteins Erinnerungsstücken. Jeden Tag greife ich in den Koffer und hole einen Gegenstand heraus, wahllos. In meiner Fachsprache als Altenpflegerin würde man jetzt sagen, dass ich eine Zehn-Minuten-Aktivierung durchführe, weil die tägliche Seelenpflege genauso wichtig ist, wie die tägliche Körperpflege. Was so technisch klingt, ist in Wirklichkeit für mich das Highlight der Pflege bei Herrn Bernstein, denn gleich wird mich ein Mensch in sein Leben blicken lassen. Heute habe ich nach einem alten Schwarz-Weiß-Foto gegriffen. Es zeigt einen jungen Mann, elegant gekleidet, der ein kleines Paket unterm Arm trägt. Ich lege das Foto neben die Kaffeetasse von Herrn Bernstein und setze mich ihm gegenüber.

»Das war, bevor alles passiert ist.« Mit diesen Worten taucht Herr Bernstein in seine Erinnerungen ein, trinkt einen Schluck Kaffee und greift nach dem Bild. »Was ich nicht alles werden wollte. Was ich nicht alles erleben wollte«, flüstert er nach einiger Zeit des Schweigens, und unvermutet ruft er: »Welche Träume ich da noch hatte!« Danach kaut Herr Bernstein gedankenversunken, mit Blick auf sein Jugendfoto, am Frühstücksbrot. Als ich aufstehen will, um den Tisch abzuräumen, fasst er nach meiner Hand und meint: »Wissen Sie, das Leben ist unberechenbar. Wir können nur im Fluss des Lebens mitschwimmen und vertrauen.«

Ein paar Jahre später sollte ich den alten, dunkelgrünen, mit Messing beschlagenen Überseekoffer erben. Herr Bernstein hatte keine Verwandten und auch keinen großen Besitz. Möbel, Bücher und Hausrat gingen an seine wenigen Freunde. Einer von ihnen rief mich eines Tages an und meinte, ich sollte mir endlich den Koffer holen, damit er sein Versprechen einlösen könne.

Dieser grüne Überseekoffer mit seinen hübschen Messingbeschlägen steht seit Jahren in meinem Wohnzimmer, selbstverständlich auf einem Ehrenplatz. Wann immer ich in meinem Leben eine Krise erlebe, wann immer ich Zukunftsängste habe, wann immer das unberechenbare Leben an mir rüttelt, klopfe ich mit dem rechten Zeigefingerknöchel auf den Koffer und denke an Herrn Bernstein und seinem Bild vom Fluss des Lebens, dem ich mich nur hingeben muss.

Selbstverständlich ist das Leben der heute alten Generation nicht mit dem Leben nachfolgender Generationen vergleichbar. Krieg, Gräuel, Flucht und Zerstörung haben damals vielen Menschen ihre Zukunft geraubt. Träume, Lebensplanungen, Ziele mussten, oft von einem Tag auf den anderen, verworfen werden, denn plötzlich ging es vor allem um eines, um die Frage des Überlebens.

Heute werden, in den friedlichen Gegenden unseres Planeten, Umbrüche im Leben nicht von Krieg und Traumata bestimmt. Sie haben deshalb auch nicht jene Dramatik früherer Generationen. Trotzdem verläuft ein Menschenleben auch heute selten linear, gibt es kaum Lebensläufe, die frei sind von überraschenden Wendungen. Krisen, wie eine Scheidung oder der Verlust der Arbeit, erfordern Flexibilität und eine Abänderung von Lebenszielen, eine schwere Krankheit kann zu einem Umdenken in der Lebensplanung führen, und manchmal ist es auch der Faktor Zufall, der über einen Lebensverlauf mitentscheiden kann. So wie bei mir etwa und meinem langen Weg zur Altenpflege, einem Beruf, den ich in jungen Jahren nie als Beruf meines Lebens gesehen hätte und zu dem mich, bei Herrn Bernsteins Worten bleibend, der Fluss des Lebens getragen hat.

Matura, Jurastudium, Anwältin, Richterin oder hohe Beamtin – so hätte mein Leben verlaufen sollen, wäre es nach den Vorstellungen meiner Eltern gegangen. Sie selbst hatten sich aus kleinsten Verhältnissen befreit und wollten, wie viele Eltern dieser Generation, dass es ihre Kinder einmal besser haben. Also sollte ich, die erste Tochter, Jura studieren. Wie mein Vater, der sich vom Flüchtlingskind – seine Mutter war im Zweiten Weltkrieg aus dem Banat, heutiges Serbien, vor den Partisanen geflohen – zum Bäckergesellen entwickelte, danach in der Ehe die Matura nachholte, Jura studierte, promovierte und die Beamtenlaufbahn einschlug. Die Tochter sollte es einmal zu etwas bringen, so die elterlichen Vorstellungen. Doch die Tochter hatte andere Pläne. Oder besser gesagt, sie hatte keinen Plan.

Ich war für meine Eltern eine pubertäre Herausforderung. Nachdem ich in der dritten Klasse des Gymnasiums bereits eine Ehrenrunde gedreht hatte, die vierte Klasse auch nur mit viel Glück abschloss, anschließend in eine vermeintlich leichtere Schule wechselte, entschied ich mich in der fünften Klasse dazu, dem österreichischen Schulsystem endgültig den Rücken zu kehren und stattdessen Italien zu erobern. Freundinnen waren ein paar Wochen davor von zu Hause weggelaufen, und ich wollte nun auch endlich frei sein. Bei der Ankunft in Florenz und der ersten Übernachtung im Park wurde ich bestohlen. Mein gesamtes, mühsam zusammengespartes Geld war weg.

Die nächsten Wochen, vielleicht auch Monate, meine Erinnerung ist hier, aufgrund exzessiven Cannabiskonsums, etwas unklar, trieb ich mich herum zwischen Florenz, Rom, Neapel und Brindisi. So wie die Orte kamen und gingen, wechselten auch Gianni, Fabrizio, Tonio und Maurizio. Als junge, kesse Obdachlose war es ein Kinderspiel, sich durchs Leben zu schnorren und das italienische »*dolce far niente*« zu genießen. Manchmal verdiente ich auch Geld. Am römischen Gemüsemarkt in Trastevere etwa oder als schwesterliche Freundin eines angehenden Transvestiten, dem 17-jährigen Salvatore, Sohn aus reichem Hause, der lieber Rhea gerufen werden wollte, Faltenröcke liebte und meinen knallroten Lippenstift. Salvatore finanzierte mir einige Zeit mein Leben und gab mir zusätzlich Taschengeld. Er stattete mich neu mit Kleidung aus, ging mit mir essen und bezahlte das gemeinsame Hotelzimmer. Ich begleitete und beriet ihn als Gegenleistung beim Kauf von Minikleidern und Dessous, gab ihm Schminktipps, führte mit ihm Mädchengespräche und behandelte ihn vor allem wie eine junge Frau. Selbstverständlich nannte ich ihn Rhea.

Irgendwann war es aber vorbei mit dem Gefühl der Freiheit. Eine Freundin hing mittlerweile an der Nadel und war, mit einer Gruppe Junkies, weitergereist nach Palermo. Ich saß weit nach Mitternacht bekifft und alleine in den Uffizien von Florenz. Die städtischen Müllwagen fuhren vor, sammelten geräuschvoll den Dreck eines Tages ein, und mir ging durch den Kopf: »Wo bist du nur gelandet?«

Am nächsten Tag lief mir auch noch Amelie über den Weg, eben erst 13 Jahre alt geworden und die Schwester meiner besten Freundin, auch sie war von zu Hause weggelaufen. Amelie hatte sich gerade einen LSD-Trip eingeworfen. Als sie anfing zu halluzinieren, zerrte ich sie an der Hand zum Bahnhof und setzte mich mit ihr, ohne Ticket in der Tasche, in den Zug nach Österreich.

Irgendwo in Oberitalien übergab uns der Zugbegleiter der Polizei. Wir verbrachten eine Nacht in der Questura, die Polizei verhörte uns, recherchierte Vermisstenmeldungen und schlussendlich telefonierte sie mit der österreichischen Botschaft. Morgens saßen wir, ausgestattet mit einem Zugticket, in der Bahn Richtung Heimat. Amelie schlief bis zur Ankunft, wo ihre Mutter sie übernahm und mir noch einen bitterbösen Blick zuwarf.

Mich empfing meine Familie. Alle waren sie gekommen. Meine Mutter, mein Vater, mein Bruder und meine geliebte kleine Schwester. Ich war überglücklich, meine Familie wieder zu sehen, und ging davon aus, dass ich, wie eine verlorene Tochter, in die Arme geschlossen werde und alle Sorgen, die ich meinen Eltern bereitet habe, vergessen sind. Ich wollte wieder Kind sein dürfen, wollte wieder in die Schule gehen, wollte in das alte Leben einfach wieder zurück. Wärme und Vorfreude durchströmten deshalb mein Inneres, ich lief auf meine Familie zu, meine kleine Schwester winkte.

Doch dann deutete mein Vater den anderen, zurückzubleiben, trat selbst mit ernstem Gesicht nach vorne und begrüßte mich mit den Worten: »Du wolltest erwachsen sein? Du hast genau zwei Wochen Zeit, um eine Arbeit zu finden.« Da hatte ich mich wohl gründlich verrechnet. Ich richtete mich kerzengerade auf und hob stolz meinen Kopf. Eine Woche später hatte ich einen Job gefunden. Kindermädchen, Arbeit mit Kost und Logis.

Sie hießen Martin und Martina, die beiden Kinder, für die ich die nächsten Monate die Nanny spielte. Martin, sieben Jahre alt, war ein kleiner Streber, mochte Matador und seine Bücher. Martina, um die elf Jahre, liebte Nenas »Neunundneunzig Luftballons«, Schokolade und Streichwurstbrot. Das Haus, in dem ich jetzt wohnte, hatte drei Stockwerke. Im Erdgeschoss wohnte die etwas schrullige Großmutter, ganz oben befand sich das Reich meiner Arbeitgeber, in der Mitte lebte ich mit den beiden Kindern. Wie sich das halt so gehört für Buben und Mädchen, war das eine Kinderzimmer in blau und das andere in rosa gehalten. Da war die Welt noch in Ordnung.

Mein Zimmer befand sich neben Waschküche und Wäschetrockenraum, schräg gegenüber lagen die Kinderzimmer. So hatte ich alles im Griff, Kinder wie Wäsche. Mein Arbeitstag war lang, das Gehalt dagegen klein. Trotzdem war ich zufrieden. Ich besaß das erste Mal in meinem Leben ein eigenes Zimmer, bekam Monat für Monat mein eigenes Geld und hatte am Wochenende frei.

Morgens weckte ich die Kinder, richtete ihnen Frühstück und brachte sie zur Schule. Danach frühstückte ich mit meiner Arbeitgeberin. Nach dem Frühstück entschwand die elegante Hausfrau in die Stadt, es ging zum Kaffeeklatsch mit Freundinnen, zum Friseur, zur Massage oder zum Einkaufen. Ich durfte währenddessen durch die Wohnung fegen, Betten machen, abstauben, staubsaugen, Böden wischen und bohnern, Geschirrspüler, Waschmaschine und Staubsauger anwerfen, und danach hatte ich immer noch Zeit für einen Blick in die Sexhefte des Hausherrn.

Kurz vor halb zwölf kam die Frau des Hauses und brachte den Einkauf fürs Mittagessen, der in der Regel aus Fertigkartoffelpüree, Tiefkühlgemüse und Dosenfutter bestand. Der Speiseplan dieser wohlhabenden Familie sollte sich ein ganzes Jahr, so lange durfte ich mich um ihr leibliches Wohl kümmern, nicht verändern. Samstag und Sonntag bekochte die Hausfrau selbst ihre Familie mit Nudelauflauf und Geselchtem mit Fertigkartoffelpüree. Von Montag bis Freitag war dann ich dran mit Kochen, der Speiseplan war von der Hausfrau festgelegt: Montag Spaghetti Carbonara, Dienstag Kartoffelpüree mit Würstchen, Mittwoch Tiefkühlcremespinat mit Kartoffel und Spiegelei, Donnerstag Suppe aus Resten von Kartoffelpüree und Cremespinat, danach Palatschinken, und am Freitag freuten sich die Kinder auf ihr Lieblingsessen, Fischstäbchen mit Kartoffelpüree aus der Packung.

Nach dem Mittagessen war stille Beschäftigung im Kinderzimmer vorgesehen, das Kindermädchen hatte eine Stunde gesetzliche Ruhezeit. Martin und Martina liebten es, genau dann Bauchweh, Kopfschmerzen und Angst vor Spinnen zu haben, oder sie waren mit unaufschiebbaren existentiellen Fragen beschäftigt wie: Warum fällt der Mond nicht vom Himmel? Wieso bekommen Frauen Brüste? Liegen Papa und Mama jetzt wieder nackt im Bett und machen ein Baby? Ich gab pädagogisch mein Bestes.

Nachmittags durfte ich zuerst das Aufgabenmachen kontrollieren, danach Martins Flötenspiel und Martinas Ballettübungen beklatschen, mit Barbie und Ken Erwachsenenspiele üben und mit »den 5 Freunden« jede Menge Abenteuer im Kopf erleben. Außerdem war ich der Hol- und Bringdienst zum Reitunterricht und zu den Pfadfindern. Nach dem Abendessen, Wurstbrot und Tee begann meine Freizeit. Wenn ich Glück hatte. Oder ich wurde noch einmal belagert in meinem Zimmer und machte die Vorlesetante bis alles schnarchte und ins Bett getragen werden konnte.

Nach neun Monaten hatte ich genug von der scheinbaren Bilderbuchfamilie. Mir reichte es, ein etwas pummeliges Mädchen trösten zu müssen, dem das Abendessen gestrichen und das aus der Küche ausgesperrt wurde, weil es angeblich zu fett war. Der Mann des Hauses griff zudem zu gerne unter meinen Rock, und außerdem drohte meine Belastung zukünftig zuzunehmen. Die Hausfrau war im siebten Monat schwanger. Das Zimmer des Babys, es sollte direkt neben meinem Zimmer liegen, war bereits eingerichtet.

Es war ein schöner Frühsommertag und ich saß im großen Garten der Familie. Alle waren ausgeflogen, also hatte ich Zeit für Nichtstun und Nachdenken unterm Nussbaum. Was sollte aus mir werden? Wo wollte ich hin in meinem Leben? War es wirklich mein Lebensziel, anderen die Wäsche zu machen und ihren Dreck wegzuputzen? In mir reifte die Erkenntnis, dass ich ohne Ausbildung keine Chance in diesem Leben haben würde. Aber wie zu einer Ausbildung kommen, ohne die Eltern anzubetteln und den eigenen Stolz zu verlieren? Nein, nur das nicht. Meinen Stolz, den wollte ich behalten.

Der Fluss des Lebens, das unberechenbare Leben meinte es gut mit mir, denn an einem alkoholreichen Samstagabend sah ich zufälligerweise Sarah wieder. Sie war ein paar Jahre zuvor mit mir in die Schule gegangen und erzählte, dass sie jetzt die Ausbildung zur psychiatrischen Krankenschwester machen würde. Besonders schwärmte sie dabei von dem hohen Gehalt, das sie bekam, obwohl sie noch in Ausbildung war. Mein Interesse war geweckt. Einige Recherchen später war die Entscheidung gefallen. Ich beschloss, psychiatrische Krankenschwester zu werden.

Meine Umgebung war darüber wenig erfreut. »Du willst freiwillig ins Irrenhaus?«, fragten mich einige Freundinnen belustigt und andere meinten, die Gefahr wäre groß, dass sich das Verrückte auf mich übertragen könnte. Je mehr Widerstand ich erntete, umso mehr interessierte mich diese Ausbildung, umso neugieriger wurde ich auf diese verborgene Welt. Die Ausbildung klang ein wenig nach Abenteuer.

Als ich meine reichen Arbeitgeber darüber informierte, dass ich die Aufnahmeprüfung machen würde für die psychiatrische Krankenpflegeausbildung, plagten die sich gerade mit der plötzlich wirres Zeugs redenden Großmutter. Ich fand die alte Dame damals einfach nur lustig, heute weiß ich, sie war an Demenz erkrankt. Die Familie konnte ihre Symptome noch nicht richtig deuten und war verzweifelt. Die alte Frau verbrannte im Garten ihre Steppdecken, verwechselte mich laufend mit ihrer Schwiegertochter, ihre Schwiegertochter nannte sie wiederum beim Namen ihrer bereits verstorbenen Mutter, und eines Tages versuchte sie gar per Autostopp nach Frankreich zu fahren. Daraufhin wurde sie in die Psychiatrie eingeliefert. Nach einem Besuch bei seiner Mutter nahm mich mein Arbeitgeber, der grapschende Familienvater, zur Seite und fragte mich: »Wissen Sie, was Sie da tun? Es ist schrecklich dort!«

Zugegeben. Ich wusste nicht, was ich tat. Es gehört zum Privileg der Jugend, sich auf Dinge einzulassen, ohne vorher bereits alle Vor- und Nachteile bedacht zu haben.

Die Aufnahmeprüfung stellte für mich, obwohl ich zu den jüngsten Bewerberinnen gehörte und sehr aufgeregt war, keine große Hürde dar. Zwei Monate später saß ich mit dreißig anderen Frauen und Männern in einer Klasse.

Für eine Ausbildung, die eigentlich drei Jahre dauert, benötigte ich fünf Jahre. Die Gründe dafür lagen in meiner

Faulheit, in meiner Inkonsequenz beim Lernen, dem fehlenden Interesse für Anatomie und Physiologie und einer Erkrankung. Wie es meinem damals unreifen Wesen entsprach, versuchte ich diese Ausbildung, vor allem im ersten Jahr, mit möglichst geringem Aufwand hinter mich zu bringen. Bezogen aufs Lernen könnte man mich als Spätzünderin bezeichnen. Erst nach der Bewältigung einer Erkrankung, die es mir ermöglichte, die erste Klasse zu wiederholen und meine miserablen Noten auszumerzen, begann ich mich wirklich für die Inhalte der Ausbildung zu interessieren. Während meiner Praktika entwickelte ich eine Leidenschaft für Menschen mit Wahnideen, multiplen Persönlichkeitssyndromen, akuten Drogen- oder Alkoholentzügen und frischen Selbstmordversuchen. Mein gutes Händchen für Menschen in Ausnahmesituationen fiel der Stationsleitung auf. Mehrmals wurde mir empfohlen, nach dem Ende der Ausbildung die Akutpsychiatrie als Arbeitsfeld zu wählen.

Dieser Leidenschaft gegenüber stand meine Ablehnung der Geriatrie. Auf dieser Station absolvierte ich mein schlimmstes Praktikum, ich nannte es mein »Horrorpraktikum«. Heute kaum mehr vorstellbar, aber damals gab es Zimmer mit zehn Betten. Mich ekelte der dauernde Umgang mit Kot und Erbrochenem, der Geruch nach körperlichem Verfall, mich bedrückte das nie endende schmerzerfüllte Seufzen und Stöhnen der Menschen, die hilflosen Rufe »Schwester, Schwester«, und mir machte die permanente Anwesenheit von Sterben und Tod große Angst. Aus mir unerfindlichen Gründen habe ich es geschafft, zwei Monate auf dieser Station zu arbeiten, ohne je einen Menschen sterben zu sehen. Das ist eine wahre Kunst auf einer Geriatrie, wo sich fast täglich jemand aus dem Leben verabschiedet.

Auch mit den rein medizinisch ausgerichteten Stationen, wie Neurologie oder Neurochirurgie, hatte ich meine Probleme. Vor allem tat ich mir mit dem streng hierarchischen System auf diesen Abteilungen schwer. Eine Abneigung, die beinahe zur Beendigung meiner Ausbildung geführt hätte.

»Guten Morgen«, sagte ich zum Beispiel eines Morgens fröhlich zu einem kleinen dicklichen Herrn in Weiß, der mir auf dem Weg zum Stationszimmer am Gang der Neurologie entgegenkam. Er blieb stehen: »Guten Morgen, Herr Professor!«, erklärte er mir mit scharfer Stimme und sah mich herausfordernd an. Mit einem erneuten »Guten Morgen« und eingezogenem Kopf hetzte ich jedoch weiter. Die nächsten zwei Wochen sollte sich diese Szene beinah täglich wiederholen.

Mein Vater hatte mir beigebracht, dass kein Mensch höher steht als ein anderer Mensch. Es war wie verhext. Ich brachte das »Guten Morgen, Herr Professor« einfach nicht über die Lippen. Nicht, weil es mir an Höflichkeit mangelte. Ich erweise gerne jemandem die ihm gebührende Ehre. Dieser Zwang, mit dem der kleine, dickliche Arzt von mir die Ehrerbietung einforderte, das ging für mich aber gar nicht. Zum Glück war mein Praktikum auf der Neurologie nach zwei Wochen zu Ende.

Ein Jahr später stand die Prüfung in einem medizinischen Hauptfach an. Eine Reihe junger Ärzte hatte uns einen Monat lang über Diagnoseverfahren, notwendige Schritte für Differentialdiagnosen und medizinische Therapiemaßnahmen unterrichtet. Die Prüfung wollte der Chef persönlich, der Herr

Primar, abnehmen. Ich betrat zuversichtlich den Prüfungsraum. An einem großen Eichentisch saß zu meinem Schrecken der kleine, dickliche Professor. Als er mich sah, ging in seinem Inneren merkbar die Sonne auf. Mit einem süffisanten Lächeln im Gesicht sah er mich an, und nur wir beide wussten, worauf er wartete. Da stand ich vor ihm, meine Knie schlotterten, ich schluckte, wappnete mich, und dann hörte ich mich freundlich sagen: »Guten Morgen.«

Zu meinem Glück und zur Überraschung des Professors, durfte ich, da ich in jenem Schuljahr ausschließlich sehr gute Leistungen gezeigt hatte, die Klasse wiederholen. Am selben Abend lernte ich in einem Bierzelt – ich wollte mich so richtig besaufen – einen jungen Mann kennen und verliebte mich Hals über Kopf. Wie sich später herausstellte, war seine Mutter die Chefsekretärin des dicklichen Professors. So kam ich also doch noch zu meinem positiven Abschluss. 1988 nahm ich, bekleidet mit einem hässlichen rosaroten Dirndlkleid aus dem Kostümverleih – wir wurden verpflichtet, bei der Feier Tracht zu tragen – mein Diplom zur psychiatrischen Krankenpflege entgegen. Geschafft!

Als frisch gebackene Psychiatrieschwester ging ich, aufgrund der positiven Praktika, davon aus, mein weiteres Berufsleben auf einer akutpsychiatrischen Station zu verbringen. Ich liebte den Trubel auf diesen Abteilungen. Das war meine Welt. Als wir kurz vor dem Ende der Ausbildung schriftlich nach unseren zukünftigen Einsatzwünschen befragt wurden, stand auf meinem Zettel groß »Akutpsychiatrie Männer«.

Doch mein Leben schlingerte in eine andere, von mir damals nicht erwünschte Richtung. »Sie kommen auf die Geriatrie A« erklärte mir zwei Tage nach unserer Diplomfeier, die jungfernhaft aussehende Pflegedirektorin in jenem Gespräch, welches die Weichen für meine Zukunft stellen sollte. Geriatrie? Ich war fassungslos. Es musste sich um eine Verwechslung handeln. Was sonst? Doch die Pflegedirektorin beharrte auf ihrer Entscheidung. Einen Tag später habe ich gekündigt.

Erneut stand ich in meinem Leben an einem Nullpunkt und hatte keinen Plan B für die Zukunft. Eines war für mich klar, meine Stärke war das Gespräch und ich wollte in einem Umfeld arbeiten, wo ein kollegiales Zusammenarbeiten gepflegt wurde, wie ich es auf der Psychiatrie kennengelernt hatte. Ich gehörte nie zu jenen Kolleginnen, die heiß waren auf Blutabnehmen, Wunden verbinden und Einlauf verabreichen. Die hierarchischen Abläufe, wie sie auf medizinischen Stationen damals fast exzessiv gelebt wurden, waren mir zuwider.

Morgens, wenn der Herr Primar zur Visite kam, wuselten die weißgekleideten Schwesterchen wie aufgeschreckte Hühner zum ersten Zimmer, machten ehrfurchtsvoll einen Schritt zur Seite und öffneten dem Gott in Weiß die Tür. Sie reichten schweigend Fieberkurven und Laborergebnisse, nahmen Anweisungen entgegen und lächelten demütig. Beim Verlassen des Krankenzimmers ging selbstverständlich der Herr Primar vor, danach kamen die Oberärzte, die Assistenzärzte, die Turnusärzte und dann erst durften die Krankenschwester, nicht ohne den Patienten noch einmal aufmunternd zuzuzwinkern, das Zimmer verlassen und zur nächsten Tür hetzen, vor der Herr Primar schon ungeduldig darauf wartete, dass sie ihm geöffnet wird. Nein, das war nicht meine Welt. Wirklich nicht.

Nach meiner Kündigung plante ich erst einmal einen längeren Urlaub, in der Hoffnung dabei eine Lösung für meinen beruflichen Weg zu finden. Also auf nach Italien, Kroatien und Indien. Nach sechs Monaten war ich um nichts klüger. Dafür brauchte ich aber dringend Geld. Die Dame am Arbeitsamt freute sich über meine Arbeitslosenmeldung und meinte aufmunternd: »Das haben wir gleich. Es sind sicher an die 40 Stellen für Krankenschwestern frei.« Beim Durchsehen der Stellenangebote wurde mir speiübel. Es waren ausschließlich Stellen frei auf der Neurologie, Neurochirurgie, Geriatrie und in Seniorenheimen.

Am nächsten Morgen las ich in der Zeitung ein unscheinbares Inserat: »Blinde Frau, 80, sucht Gesellschafterin.« Beim Kennenlernen eine Woche später erklärte mir Frau Moser, meine zukünftige Arbeitgeberin: »Dass eines klar ist, ich suche jemanden mit Grips und Kultur zum Reden. Zum Baden und Arschputzen kommt eine Krankenschwester.« Nun, das war ja ganz nach meinem Geschmack. Zwei Tage später war ich Gesellschafterin einer blinden Frau.

New York, Johann Sebastian Bach und Salzburger Festspiele – das waren, kurz zusammengefasst, jene Impulse, die Frau Moser in mein Leben brachte. Mathilde Moser war in jüngeren Jahren Geschäftsfrau und beruflich viel im Ausland unterwegs. Geheiratet hatte sie nie, dafür hätte sie ihre Freiheit opfern müssen, wie sie mir einmal trotzig erklärte. An den Folgen einer lebenslangen Zuckerkrankheit war sie, etwa zehn Jahre vor unserer Begegnung, erblindet. Erstaunlicherweise haderte Frau Moser nicht mit ihrem Schicksal. Sie nahm das Leben, wie es kam, sie fand sogar Vorteile im Blindsein. »Seit ich nichts mehr sehe, höre ich die Kantaten und Oratorien von Bach viel intensiver«, berichtete sie mir oft beim Anhören ihrer Schallplatten und rief anschließend aufgeregt: »Schließen sie doch die Augen. Schnell. Sie müssen Bach spüren.«

In New York besaß sie eine kleine Wohnung nahe des Central Parks. Mindestens alle zwei Monate flogen wir rüber. Wir saßen in Cafes oder im Park und ich musste ihr in allen Farben schildern, wie die vorbeischlendernden und in die Jahre gekommenen New Yorkerinnen, die meisten hager und schrill, gekleidet waren und wie sie sich verhielten. »Das sind eben Ladies bis zum Tod« bemerkte sie dabei gerne anerkennend und nippte an ihrem zuckerfreien Manhattan. Bei den Salzburger Festspielen weinte sie gerne in den Opernaufführungen, die ich als Möchtegern-Hippie stinklangweilig fand, wedelte dann immer hektisch mit der Hand, was so viel bedeutete wie: »Reichen Sie mir ein Taschentuch.«

Ein Jahr lang ersetzte ich Mathilde Moser die Augen. Ich öffnete ihre Post, las aus Zeitungen und Büchern vor, tippte die diktierten Briefe, erledigte mit ihr den täglichen Einkauf im Feinkostladen, besprach mit der Köchin die gewünschte Abfolge des Mittag und Abendessens, diskutierte über Politik und Gesellschaft, saß still aber aufmerksam an ihrer Seite, wenn sie Besuche empfing, machte mit ihr Ausflüge und schilderte ihr dabei die Natur, reichte Blumen zum riechen und Gräser zum betasten. Trotz des täglichen und engen Kontaktes lag zwischen Frau Moser und mir immer eine große Distanz. Da gab es jede Sekunde dieses spürbare Gefälle, wie es in reichen Haushalten oft üblich ist, zwischen Personal und Herrschaft. Außerdem erwies sich Frau Moser als gehörig geizig. Fast jeden Monat feilschte sie mit mir über die geleisteten Arbeitsstunden.

Eines Tages begegnete ich an der Haustür von Frau Moser meiner ehemaligen Pflegekollegin Irene. Sie hatte gleichzeitig mit mir die Krankenpflegeausbildung begonnen und diese ordnungsgemäß nach drei Jahren beendet. Nun war sie die neue Hauskrankenschwester von Mathilde Moser, kam morgens um sieben zur Unterstützung bei der Körperpflege, spritzte ihr das Insulin und half ihr beim Ankleiden. Beide freuten wir uns über die spontane Begegnung und waren neugierig darauf, welche Wege die jeweils andere in den letzten zwei Jahren gegangen war. Also vereinbarten wir ein Treffen noch am gleichen Abend.

Irene arbeitete seit einem Jahr in der Hauskrankenpflege. Sie besuchte täglich acht bis neun Patienten und schwärmte von der Selbstständigkeit, die sie erlebte: »Du bist vor Ort immer alleine mit dem betroffenen Menschen, kein obergescheiter Arzt weit und breit, keine Stationsleitung. Als Hauskrankenschwester ist man irgendwie frei.« Das klang eindeutig nicht schlecht, befand ich. Nach einem Schnuppertag in der Hauskrankenpflege, beendete ich mein Arbeitsverhältnis bei Mathilde Moser.

Zwei Wochen später verließ ich, ausgestattet mit dem Namen und der Adresse meiner ersten Patientin, das Büro des ambulanten Pflegedienstes. Am Ausgang traf ich auf Irene, die mich fragte: »Wohin schicken sie dich? Zu Frau Niess?« Ich kramte den Zettel mit meinen Notizen hervor und bestätigte den Namen. Ja, Niess, so hieß die Patientin. »Dort schicken sie alle Neuen hin, weil da bleibt niemand lange«, antwortete

Irene lachend und fügte wissend hinzu: »Das ist eine richtig böse alte Frau. Kannst dich auf etwas gefasst machen.« Einen Tag später begegnete ich das erste Mal in meinem Leben einer Hundertjährigen.

Bei unserem ersten Treffen ist Flora Niess bereits hundert Jahre alt. Geboren 1890 irgendwo in Ostpreussen, hatte sie kurz vor dem ersten Weltkrieg einen bayrischen Großindustriellen geheiratet und mit ihm zwei Töchter, Zwillinge, bekommen. Nach dem Krieg ließ sie sich scheiden, denn der Ehegespons pflegte regelmäßig fremde Betten zu besuchen. Nach der Scheidung zog Frau Niess nach Österreich. Sie erlebte die Euphorie der goldenen Zwanziger Jahre, die Massenarbeitslosigkeit der Weltwirtschaftskrise, die Machtübernahme der NSDAP und den Anschluss Österreichs an das Dritte Reich. Den halben Krieg verbrachte sie mit Töchtern und kleinen Enkelkindern in irgendwelchen Luftschutzkellern, täglich ums Überleben flehend. Dann Nachkriegszeit und Wiederaufbau, die 50er Jahre, Elvis und Peter Kraus, der kalte Krieg, die Beatles und Flower-Power, sowie der Siegeszug von Tiefkühlgemüse und Farbfernsehen.

Frau Niess wohnt seit fünf Jahren im Wohntrakt eines Seniorenheims. Vor einem Jahr sollte sie in den Pflegetrakt übersiedeln, denn sie brauchte mittlerweile häufig Hilfestellung und für den Wohntrakt war kein Pflegepersonal vorgesehen, dort leben nur fitte alte Menschen, die sich weitgehend selbst versorgen können.

Frau Niess hatte sich nach einem nächtlichen Sturz eine Oberschenkelhalsfraktur zugezogen und war nun immobil. Sie brauchte pflegemäßig das volle Programm, aus dem Bett helfen, zur Toilette führen, Duschen und Anziehen, Frühstück richten. Außerdem hatte Frau Niess auf beiden Beinen ein Ulcus cruris, so nennt man offene Beine, die von Durchblutungsstörungen verursacht werden. Diese beiden großflächigen Wunden mussten ebenfalls versorgt werden. Das alles war nur im Pflegetrakt möglich. Das Personal des Heims weigerte sich daher Frau Niess im Wohntrakt zu versorgen. »Keine Extrawürste« argumentierte die Stationsleitung. Frau Niess ihrerseits lehnte beharrlich den Umzug in den Pflegetrakt ab. »Sie können mich nicht zwingen« schnaubte sie, immer wenn sie darauf angesprochen wurde, wütend.

Also bezahlen ihre Töchter seit mehr als einem Jahr aus der eigenen Tasche eine Hauskrankenschwester, die ihre Mutter täglich zweimal im Wohntrakt des Heimes versorgt.

Frau Niess ist die erste Hundertjährige in meinem Leben, der ich begegne. Sie hat Millionen Falten im Gesicht, ihre Haut ist dünn wie Pergamentpapier, sie hat kaum Haare auf dem Kopf, keine Zähne mehr im Mund und insgesamt wirkt sie mit ihrem dünnen, runzeligen Körper so zerbrechlich, wie eine mit Rissen übersäte Porzellanpuppe vergangener Zeit.

In den ersten Tagen kann ich ihr nichts Recht machen. Ich greife sie aus ihrer Sicht beim aus dem Bett heben falsch an, meine Wundversorgung ist für sie der reinste Pfusch, der Kaffee ist ihr zu heiß, die Buttersemmel zu hart und überhaupt, wie ich mit meiner bunten Pyjamahose rumrennen würde, ob ich nichts Ordentliches zum Anziehen hätte. Nach zwei Wochen fragt sie mich, wie lange ich sie noch zu belästigen gedenke und ob jetzt bald eine neue Pflegekraft kommen würde.

Ich dagegen bin irgendwie verzückt von dieser bösen alten Frau. Ich mag ihre Kraft und ihre Energie, mag es, wie sie sich gegenüber dem Heim durchgesetzt hat, staune über ihre Wut, ihre Klarheit und wie sie mich durch die Pflegetätigkeiten dirigiert. Nichts an ihrem Körper passiert, ohne dass sie mir nicht sagt, was und wie ich zu handeln habe.

»Die Kolleginnen haben mich auf Sie vorbereitet. Sie meinten, Sie wären eine böse Frau und ich würde es sicher nicht lange bei Ihnen aushalten«, sage ich eines Tages in einem möglichst emotionslosen Ton, während ich der auf einem Stuhl sitzenden Frau eine Decke für ihre dünnen Beinchen reiche. Nach einem kurzen Augenblick Stille schreit sie mir, mit funkelnden Augen, entgegen: »Hätten Sie meine Schmerzen, wären Sie auch eine böse Frau.«

In diesem Moment schließe ich Flora Niess in mein Herz. »Dann sollten wir gegen diese Schmerzen etwas tun«, entgegne ich ruhig, setze mich neben sie und füge spontan hinzu: »Ich mag übrigens böse alte Frauen.«

Die nächsten fünf Monate besuche ich täglich, außer an meinem freien Wochenende, als erste Patientin morgens die hundertjährige Frau Niess. Wenn ich nach dem Anklopfen und ihrem »Herein« das Zimmer betrete, strahlen mich nun zwei Augen an. Ich verspüre Heiterkeit und Freude, wenn ich aus dem Auto steige und zu ihr in den Wohntrakt hochsteige. Meine bunten Hosen findet sie immer noch schrecklich und wie eine Dame ohne Hut auf die Straße gehen kann, bleibt Frau Niess ein Rätsel. Eine Dame ohne Hut ist aus ihrer Sicht keine Dame.

Wir blödeln uns durch die Zeit der Pflege, die alte Dame teilt mit mir danach ihren Heimkaffee und die Frühstückssemmel, ich bringe dafür regelmäßig einen Nussstrudel mit. Danach ziehe ich weiter zum nächsten Patienten. Abends komme ich wieder, frage, wie der Tag war, führe sie zur Toilette, helfe ihr dabei, sich frisch zu machen und bringe sie ins Bett.

An dem Tag, der mich und meine Einstellung zu meinem Beruf verändern sollte, ist Frau Niess etwas missmutig. Ich selbst hatte die letzte Nacht zum Tag gemacht und bin daher darauf bedacht, zügig meine Arbeit zu erledigen, um möglichst schnell wieder nach Hause und in mein Bett zu kommen. Gedankenversunken sitze ich auf einem kleinen Hocker zu Füßen von Frau Niess und reinige konzentriert ihre Wunden.

»Es wird nicht mehr lange dauern, Sonja. In den nächsten Tagen werde ich wohl sterben«, höre ich da Frau Niess sagen und spüre ihren Blick auf meinem Scheitel. Ich erstarre. Nur nicht hochblicken. Mein Magen wird flau, ich möchte am liebsten davonrennen. Dann gebe ich, ohne hochzublicken, den hilflosen Satz von mir: »Aber geh, es ist doch noch nicht so weit.«

Die hundertjährige Frau Niess zieht blitzschnell ihre Beinchen an, stößt damit in vollem Schwung nach vorne und trifft frontal auf mein Brustbein, worauf es mich vom Fußschemel auf den Boden wirft. »Raus mit Ihnen! Sofort raus mit Ihnen«, schreit die alte Frau und krächzt mit belegter Stimme: »Ich habe Sie wirklich in mein Herz geschlossen, ich vertraue Ihnen. Ich sage Ihnen, dass ich sterben werde, und Sie geben mir so eine widerwärtige Antwort. Verschwinden Sie und schicken Sie mir eine andere Schwester. Irgendeine. Sofort!«

Am Boden kauernd treffen mich die spitzen Schreie von Frau Niess und beamen mich aus meiner jugendlichen Oberflächlichkeit. Ich robbe mich hoch, greife nach ihren Händen, die hektisch und wild nach mir schlagen. Irgendwann bekomme ich die knochigen Hände zu fassen und lasse sie nicht mehr los. »Ich habe Angst vor Ihrem Sterben«, sage ich nach einiger Zeit der Stille und sehe ihr ins Gesicht. Sie lächelt mich zärtlich an und flüstert: »Was glauben Sie, wie groß meine Angst ist.«

27 Jahre liegt diese Begegnung mittlerweile zurück. Diese kleine, faltige Frau hat mir beigebracht, was es bedeutet, wahrhaftig jemanden zu begleiten, sie hat mir gezeigt, dass jemanden zu pflegen vor allem Präsenz verlangt und Ehrlichkeit. Sie hat mich gelehrt, dass ein würdevoller Umgang mit pflegebedürftigen Menschen eine Frage der inneren Haltung ist. In den vergangenen Jahrzehnten habe ich viele weitere Begegnungen mit alten Menschen erlebt, die mir unter die Haut gingen, in denen Berührung stattfand, weil mir jemand sein Innerstes anvertraute. Für mich haben diese Momente etwas Magisches.

Die Begegnung mit Frau Niess betrachte ich als eine Sternstunde, sie war meine Initiation für die Altenpflege. Diese hundertjährige Frau hat in mir den Grundstein gelegt für mein Interesse an alten Menschen, meine Begeisterung für Altenpflege und für die Auseinandersetzung mit dem Älterwerden und Altern an sich.

Zwischen damals und heute liegen 27 Jahre voll mit Umbrüchen und Wendungen in meinem Leben, privat wie auch beruflich. Das Leben hat mir einige Male seine Unberechenbarkeit gezeigt, der Fluss des Lebens hat mich durch breite Ströme ebenso geführt wie durch Stromschnellen und Untiefen. Privat erlebte ich eine aufregende und tiefe Liebe, die in eine schwierige Ehe überging und in einer schmerzhaften Scheidung endete. Danach hatte ich mehrere chaotische Beziehungen, musste meine ungewollte Kinderlosigkeit betrauern und verdauen, ehe der Mann meines Lebens die Bühne betrat. Auch beruflich wechselten sich Erfolge mit Misserfolgen ab. Viele Jahre war ich in einer Managementfunktion tätig, es folgte ein gescheiterter Versuch, mich politisch zu betätigen, ein heftiges Burnout führte mich an meine beruflichen Grenzen, die Überwindung des Burnouts jedoch zu einer Art von emotionaler Wiedergeburt. Dann der Weg in die Selbstständigkeit, verbunden mit Phasen großer Existenzängste. Ich musste lernen dem Leben zu vertrauen, nicht aufzugeben, sondern an mich zu glauben. Nach vielen Jahren direkter Altenpflege, schule ich heute im Rahmen von Seminaren Altenpflegepersonen und berate pflegende Familien.

Letztes Jahr habe ich außerdem mein Studium der Alternswissenschaft abgeschlossen. Meine altgewordenen Eltern saßen bei der Sponsion in der letzten Reihe und strahlten, wie stolze Eltern eben strahlen, wenn das Kind geschafft hat, was sie sich für dieses Kind gewünscht haben. Auch wenn dieses Kind bald fünfzig wird. Ihr Stolz hat mich sehr berührt.

Frau Niess lebte, entgegen ihrer damaligen Vorahnung, weitere zwei Jahre. Bis zu ihrem Tod wohnte sie im Wohntrakt des Seniorenheims und wurde von mir täglich zweimal gepflegt. Eines Nachmittags, ich hatte eigentlich gerade ein paar freie Tage, rief mich ihre Tochter an und bat mich, die Familie beim Sterben ihrer Mutter zu begleiten. Flora Niess verließ diese Welt mit friedlichem Gesichtsausdruck im Alter von 102 Jahren. Ihre Töchter, Enkeltöchter, Urenkel und Ururenkelkinder waren bis zur letzten Sekunde bei ihr.

Kurz nach der Beerdigung von Frau Niess kontaktierte mich eines Abends eine ihrer Urenkeltöchter. Sie bat um ein Treffen, denn ihre Urgroßmutter hätte mir etwas vererbt. Es war der kleine, lilafarbene, etwas abgegriffene Sonntagshut von Frau Niess. Darin fand sich ein Zettel mit der in krakeliger Schrift geschriebenen Botschaft: »Eine Dame ohne Hut ist keine Dame.«

Einsicht 2

Die Seele kennt kein Alter

Als ich meine Station des Pflegeheims morgens betrete, begrüßen mich bereits die Koloraturen von Frau Minding. Sie scheint heute besonders guter Stimmung zu sein, denn ihr Gesang ist hell und klar, für meine Ohren ist er sogar vollkommen. Marianne Minding ist 95 Jahre alt und lebt seit zwei Jahren im Pflegeheim. Ihr Zimmer ist größer als das anderer Bewohnerinnen. Für Frau Minding hat das Seniorenheim die Wand zu einem Nachbarzimmer niedergerissen und nun residiert die altgewordene Sängerin in einer, für Seniorenheimverhältnisse, großzügigen Wohnung mit Schlafzimmer und Salon. Sie könne sich solche Wünsche halt leisten, meint Frau Minding zu diesem Extra des Heimes. Sie wäre ja immerhin vor vielen Jahren so etwas wie die Maria Callas von Deutschland gewesen, hat Sopran und Koloratursopran gesungen und Soubrette in Operetten. Musik war viele Jahre ihr Leben. Bis sie, die sich lange gegen eine Ehe gesträubt hatte, dem Drängen eines glühenden Bewunderers nachgab, sich Hals über Kopf verliebte und das berüchtigte »Ja, ich will« hauchte. Danach war rasch Schluss mit den großen Auftritten. Ihr Ehemann bevorzugte es, ihre Stimme für sich alleine zu genießen oder er lud Geschäftsfreunde zu einer Matinee. »Da wurde ich dann zum Ausstellungsstück, durfte ein paar Arien trällern und mein rasend eifersüchtiger Mann konnte sich in meinem Licht sonnen«, beschreibt Frau Minding gern sarkastisch die Auswirkungen der Ehe auf ihr Leben als Musikerin.

Die Verbindung blieb zum Glück kinderlos, wie Mathilde Minding gerne betont und den Gatten raffte nach etwa fünfzehn Jahren eine unbekannte Krankheit dahin. Alles ging sehr schnell. Zuerst hatte er dunkelblaue Flecken am Hals, nach nur vier Tagen war beinahe der gesamte Körper mit diesen, nunmehr schwarz gefärbten, Flecken bedeckt und am sechsten Tag war er tot. Innerlich verblutet, hieß es. Die Krankheit blieb ein Rätsel.

Frau Minding hielt ein Jahr Trauerzeit ein und trug schwarz. An seinem ersten Todestag aber warf sie das schwarze Kleid in den Müll und schlüpfte in ihr bestes Kostüm. »Es war veilchenblau. Dazu trug ich weiße Schuhe. Der Herr Gemahl hat sich sicher im Grab umgedreht«, erzählt Frau Minding kichernd vom Ende ihres Trauerjahres.

Sie erbte ein Unternehmen, zwei Wohnungen, eine Villa und verkaufte alles rasch. Danach gönnte sie sich ein kleines Haus am See. Dort gab sie Gesangsunterricht. Bis zum Einzug ins Pflegeheim.

Es ging einfach nicht mehr zu Hause. Zu viele Treppen, eine Badewanne, aus der sie ohne Hilfe nicht mehr herauskam, und überhaupt wuchs ihr irgendwie alles über den Kopf. Vor Jahren hatte sie gehört, dass es Menschen gibt, die in Hotels wohnen, Marcel Prawy etwa, der große österreichische Opernkritiker lebte bekanntlich im berühmten Hotel Sacher in Wien. Daher überlegte Frau Minding auch kurz, sich ein Hotel für die letzten Jahre ihres Lebens zu suchen. Aber dann entschied sie sich für das noble Seniorenheim hier, unter der Bedingung, dass sie zwei Zimmer bekam und täglich ungestört ihre Koloraturen singen könnte.

Mathilde Minding legt nicht nur Wert auf ihre tägliche Dusche. Jeden Morgen müssen die Haare, von denen es nicht mehr sehr viele am Kopf gibt, toupiert werden. »Sie wissen doch was Coco Chanel gesagt hat? Eine Frau sollte immer gut aussendend aus dem Haus gehen, denn jeden Moment kann ihr der Traummann begegnen«, erklärt sie mir heute, während ich an ihren wenigen Haaren herumzupfe, um ihr das Gefühl zu geben, dass diese toupiert werden. Als ich mit dem Wort »Fertig« mein Tun beende, klatscht Frau Minding wie ein junges Mädchen in die Hände und ruft »Jetzt schminken!« Hautcreme, Make-up, Puder auf die faltenreiche Haut, Kajal, Rouge und Augenbrauenstift für die müden Augen, zum krönenden Abschluss der himbeerfarbene Lippenstift. Selbstverständlich passend zum rosa Kleid mit der großen dunkelrosaroten Schleife. »Wie sehe ich aus?«, fragt sie mich danach mit einem Hauch von Flehen in den Augen, das mich zu einem »Wie immer. Einfach perfekt« veranlasst.

In den Spiegel schaut sich Frau Minding nie. Ein paar Wochen davor, ich war ganz neu im Seniorenheim, suchte ich, nach dem morgendlichen Pflegeritual, im Zimmer von Frau Minding nach einem Spiegel, den ich ihr hätte reichen können. Da ich keinen fand, fragte ich sie danach und sie erzählte mir mit aufgeregter Stimme und schauspielerischem Talent, von einer Begegnung der anderen Art: »Vor einigen Jahren sah ich in einem Spiegel, an dem ich vorbeiging, eine uralte Frau. Ich erschrak vor ihr! Hilfe, dachte ich, wer ist das denn? Nach einer Schrecksekunde dämmerte es mir. Diese alte runzlige Frau, die bin ja ich!« Frau Minding machte eine bedeutungsvolle Erzählpause und fügte dann gewichtig hinzu: »Wissen Sie, da innen drin wird man nicht alt. Die Seele hat kein Alter. Die fühlt sich wie immer, voll Leben und Leidenschaft.«

Dem Alter und Älterwerden stehen wir als Gesellschaft, wie auch als Menschen, skeptisch gegenüber. Politik und Medien fürchten sich vor einer »Altenlast« und einer »Rentner-Lawine«. Die vielen alten Menschen heute und in Zukunft sind angeblich zu teuer, denn zuerst »machen sie sich als Pensionisten auf Kosten der arbeitenden Bevölkerung ein schönes Leben, und später sind sie gebrechlich und brauchen sündteure Pflege«, so der allgemeine Tenor. Als Mensch sind wir zwar glücklich darüber, dass sich die persönliche Lebenserwartung in den letzten Jahrzehnten deutlich verlängert hat, aber das Thema Alter an sich, unser persönliches Älterwerden, erleben wir als bedrohlich und schieben es weg.

Alter, das ist die Lebensphase, über die wir nicht nachdenken wollen, zu negativ unsere Bilder im Kopf. Alter, das ist irgendwie das Leben nach dem Leben. Jetzt sind wir jung oder tun wenigstens so, als wären wir jung.

Laufen wir tatsächlich vor dem Alter davon, gibt es den oft genannten Jugendkult wirklich? Oder ist es nicht vielmehr unsere alterslose Seele, die nicht ganz harmoniert mit dem alternden Körper?

Die Opernsängerin Mathilde Minding schilderte mir oft, dass zwischen Körper und Geist eine Diskrepanz besteht, die mit jedem Jahr größer wird. Wie sie manchmal morgens die Augen öffnen würde, Lust hätte, aus dem Bett zu springen, aber von den müden alten Gliedern rasch in die Realität zurückgeholt wird. Wie sie hin und wieder ihre alten, runzeligen Hände betrachten würde und einfach nicht fassen könnte, wie schnell die Zeit vergangen war. Sie meinte, im Kopf würde sie natürlich wissen, dass sie eine uralte Lady geworden ist, aber innen drin, in ihrem Herz, in ihrer Seele würde sie sich fühlen wie immer, irgendwie alterslos. Es wäre, als würde ihr das Leben davonrennen.

Altert am Ende tatsächlich vor allem unser Körper? Bleiben wir mit dieser alterslosen Seele, unserem Ich, vielleicht einfach nur wir selbst, mit allen Sehnsüchten und Leidenschaften, Idealen und Werten, Stärken und Schwächen?

Wir hören nicht auf, Punk zu hören und die schwarze Lederjacke zu tragen, nur weil wir sechzig werden. Volksmusik war entweder immer schon eine Leidenschaft oder noch nie, auch mit siebzig Jahren. Ob Leseratte, Modefreak, Opernfan oder Naturmensch, was uns wichtig im Leben war, bleibt uns wichtig. In früheren Zeiten gab es vielleicht so etwas wie alterskonforme Kleidung oder altersentsprechendes Verhalten. Alte Witwen trugen meist bis zum Tod schwarz und in manchen Kulturkreisen gibt es sogar eigene Trachten für alte Frauen. Von alten Menschen wurde sicher erwartet, dass sie sich in der Gesellschaft zurücknehmen und alte Frauen wurden unsichtbar. Aber heute sind Vorgaben dieser Art obsolet, wir können unser Leben weitgehend selbst bestimmen, können leben, wonach uns ist. Auch im Alter.

Also tragen wir auch mit Fünfzig kurze Kleider, packen mit Sechzig plötzlich das Motorrad wieder aus, wagen mit Fünfundsechzig eine Weltreise, finden uns mit Siebzig auf der

Demo für den Weltfrieden, Seite an Seite mit Zwanzigjährigen oder kaufen uns mit über Neunzig noch einen Sportwagen.

Olaf Roggen war in meiner Jugend mein Star. Er spielte eine Hauptrolle in einer Vorabendserie, nach der ich süchtig war. Sein Autogramm, das einzige, das ich jemals in meinem Leben anforderte, hing jahrelang über meinem Bett.

Heute fahre ich ihn besuchen, meinen Freund Olaf Roggen, einen alten Herrn von mittlerweile 93 Jahren. Lange Zeit haben wir, in einem kleinen Dorf in der Toskana, Haus an Haus unsere Ferien verbracht. Ich kann mich noch erinnern, wie er, laut einen Text rezitierend, beim dörflichen Komposthaufen eintraf, an dem ich gerade meine Küchenabfälle entsorgte. Es war der Beginn einer wunderbaren Freundschaft.

Während mein Mann das Auto die Autobahn entlang Richtung München lenkt, habe ich Zeit, in mich hineinzufühlen. Vier Jahre habe ich Olaf jetzt nicht gesehen. Seine Frau erzählte, dass er vor einigen Monaten einen Herzschrittmacher erhalten hat, und kürzlich war er gestürzt. Ich erwische mich dabei, wie ich mich frage, ob es wohl das letzte Mal sein wird, dass ich ihn sehe. Mir wird flau im Magen.

Das Treffen ist intim und interessant, wie immer. Sein Humor umwerfend, seine Erzählungen spannend, die Pointen treffsicher. Wir essen, trinken, lachen. Ab und zu lässt er uns in seine Sorgen blicken, erzählt von sich, seiner Angst, die geliebte und jüngere Frau irgendwann einmal alleine zu lassen. Traurigkeit greift in den Raum.

»Wie sehr ich dich mag«, denke ich mir und wieder überfällt mich die Frage, ob ich ihn heute das letzte Mal sehen werde.

»Übrigens, Olaf hat sich ein neues Auto gekauft«, meint plötzlich seine Frau Edith, stößt ihrem Mann lachend mit dem Ellbogen in die Seite und zwinkert ihm aufmunternd zu. Mit einem Schlag ist die vorhandene Traurigkeit im Raum wie weggewischt. Olafs Augen funkeln, der Gesichtsausdruck bekommt etwas Schelmisches und er erklärt aufgeregt: »Einen Sportwagen, nagelneu, 250 PS.«
Als mein Mann ihn etwas verdutzt ansieht, meint Olaf Roggen mit verschmitztem Grinsen: »Naja, in meinem Alter braucht man halt ein wenig Aufregung im Leben.«

Wir wissen nicht, wie es sich anfühlt, alt zu sein, und wir erkennen im Altwerden keinen Sinn. Je älter wir werden, umso bewusster wird uns die eigene Endlichkeit, die Begrenztheit unseres Lebens, umso schneller vergeht die Zeit und umso größer wird die Ungewissheit. Es stellt sich mehr und mehr die Frage nach dem Grund unseres Aufenthaltes hier auf diesem Planeten und nach dem Danach, ob es irgendwie weitergeht nach unserem Tod oder nicht. Vielleicht liegt die Antwort auf alle Fragen in dieser alterslosen Seele, von der Frau Minding sprach. Warum bleibt sie im Zeitgefüge irgendwann stehen, wird alterslos und gibt uns damit das Gefühl, jünger zu sein, als wir tatsächlich sind?

Es gibt keine Altenpflegerin auf dieser Welt, die nicht mindestens eine Geschichte erzählen kann von einem alten Menschen, der den Kontakt mit anderen Hochbetagten mit dem Hinweis ablehnte, diese wären alt.

Als ich bei Herrn Zehmann zur vereinbarten Zeit läute, höre ich, wie sich hinter der Tür jemand mit schlurfenden Schritten in meine Richtung vorarbeitet. Am Wohnungseingang angekommen, hält die Person dahinter kurz inne. Dann höre ich eine Stimme etwas unverständlich sagen: »Ich sehe furchtbar aus. Bitte also nicht erschrecken.« Langsam öffnet sich die Haustüre und dahinter wird ein großgewachsener alter Mann sichtbar, dessen Gesicht aussieht, als hätte es kürzlich zehn Runden in einem Boxkampf überstanden.

»Ivan Zehmann«, nuschelt mein Gegenüber und erklärt entschuldigend: »Ich bin gestern gestürzt.« Die Frage, ob er beim Arzt war, hätte ich mir sparen können. »Was denken Sie, der schickt mich doch ins Krankenhaus«, meint Herr Zehmann und fügt hinzu: »Das würde meinem Sohn gefallen, dann könnte er mich endlich ins Altersheim stecken.«

Ich bin bei Herrn Zehmann, weil er Pflegegeld bekommt und ich nachsehen soll, ob er alleine zurechtkommt und woher er die notwendige Hilfe erhält. Alles scheint gut organisiert. Jeden zweiten Tag kommt eine Heimhilfe, die darauf achtet, dass der Haushalt unter Kontrolle bleibt, weil so ein Haushalt einfach eine Frauenhand braucht, berichtet Herr Zehmann lachend. Zweimal in der Woche unterstützt ihn eine Pflegerin beim Duschen, die würde dann auch die Tabletten richten. Alles andere würde er alleine schaffen und darauf wäre er sehr stolz.

»Gut, dann kommen wir jetzt noch einmal zu Ihrem Sturz.« Mit diesen Worten nehme ich das Thema wieder auf, welches Herr Zehmann während des Gesprächs kunstvoll zu vermeiden versucht hat. Ich schaue mir seine Verletzungen genauer an und stelle fest, dass es sich nur um ausgeprägte Blutergüsse im Bereich Nase, Stirn und Wangen handeln dürfte, die eine schwarzlila Farbe angenommen haben. Außerdem hat er eine geschwollene Unterlippe und oberflächliche Schürfwunden im Gesicht. Es dürften keine Frakturen vorliegen und vermutlich auch keine Gehirnerschütterung.

»Jetzt zeigen Sie mir einmal, wie Sie gehen«, fordere ich ihn auf, worauf Herr Zehmann pflichtbewusst aufsteht und sich, an den Wänden und Kästen entlangtastend, durch den Raum bewegt. Eines ist sofort klar für mich, Herr Zehmann benötigt einen Rollator, der würde ihm beim Gehen Stabilität geben und Stürze verhindern. »Wo sind Sie denn gestürzt?«, frage ich den alten Herrn, worauf ich erfahre, dass er gerade am Weg ins Kaffeehaus war. Da gäbe es ein paar Damen, mit denen er sich ab und zu treffen würde.

Als ich Herrn Zehmann von meiner Beobachtung erzähle und vorsichtig den Rollator anspreche, meint er lachend: »Aber so ein Monstrum hab' ich ja schon. Den benütze ich nur in der Wohnung, wo mich niemand sieht.« Im weiteren Gespräch stellt sich heraus, dass Herr Zehmann den Rollator als unmännlich erlebt. Er möchte nicht damit gesehen werden. Vor allem nicht von den Damen aus dem Kaffeehaus.

Als ich ihn frage, ob denn die Damen noch keine Gehhilfe benötigen würden, antwortet er: »Doch, doch, die haben alle Rollatoren. Einen richtigen Fuhrpark haben die.« Auf meinen überraschten Blick fügt er erklärend hinzu: »Aber die sind ja auch alle alt. Und außerdem sind es Frauen.«

Wir fühlen uns nie so alt, wie wir sind. Das hat sogar die Wissenschaft schon herausgefunden. Im Schnitt fühlen wir uns zehn Jahre jünger als wir tatsächlich sind. Ja, wir glauben sogar auf andere jünger zu wirken, und sind uns sicher, dass diese uns auch jünger schätzen. Wer freut sich nicht über Sätze wie: »Was 50? Hätte ich nie gedacht, du schaust ja viiiiiiel jünger aus.« oder »Nie und nimmer bist du 60. Ich hätte dich höchstens auf 55 geschätzt.«

Umgekehrt ist es leider so, dass wir unser Gegenüber altersmäßig korrekt einschätzen und damit die anderen uns leider auch, wie ich erst kürzlich schmerzlich erfahren musste. Ich bin einem ehemaligen Liebhaber begegnet, von weitem schon sah ich ihn auf mich zukommen und war geschockt. Der Mann war vielleicht alt und grau geworden. Kurz habe ich mich gefühlt, als würde ich in einer anderen Zeitdimension leben, in der wollte ich auch unbedingt bleiben und so versuchte ich mich rasch und ungesehen aus dem Staub zu machen. Aber da hatte er mich schon erkannt und winkte mir freudig zu, also ging ich zu ihm rüber. Er umarmte mich und meinte dann charmant: »Na, auch in die Jahre gekommen?«

Sich in der Seele jung zu fühlen, hat Vorteile. Menschen, die sich jünger fühlen als ihr chronologisches Alter tatsächlich ist, leben länger. Dieses interessante Ergebnis haben erst kürzlich die zwei englischen Wissenschaftler Isla Rippon und Andrew Steptoe von der University College London im medizinischen Fachblatt »JAMA Internal Medicine« bekanntgegeben. Für eine Untersuchung fragten sie rund 6500 Männer und Frauen über 52 Jahre, wie alt sie sich fühlen würden. Wie sich herausstellte, betrug das tatsächliche Durchschnittsalter 66 Jahre, während das selbstempfundene Alter der Befragten im Durchschnitt bei 57 Jahren lag. Im Detail fühlten sich 70

Prozent der Befragten jünger als sie waren, 25 Prozent der Befragten fühlten sich so alt wie sie wirklich waren und nur 5 Prozent fühlten sich älter. In einem Beobachtungszeitraum von 8 Jahren starben 14 Prozent jener Befragten, die sich bei der ersten Befragung jünger fühlten als sie tatsächlich waren, während von denen, die sich älter fühlten, im gleichen Zeitraum 24 Prozent der Befragten verstarben.

Darüber wie im Detail die Selbsteinschätzung des eigenen Alters ihre Wirkung auf die Lebenserwartung entfaltet, können die Wissenschaftler derzeit nur Vermutungen anstellen. Möglicherweise spielt gesundheitsbewusstes Verhalten, generelle Belastbarkeit oder auch ein starker Lebenswille eine Rolle. Die Forscher sind auf alle Fälle davon überzeugt, dass die Selbsteinschätzung des eigenen Alters veränderbar ist. Eine negative Sicht auf sein Alter kann aus ihrer Sicht in ein positives Gefühl für das eigene Alter umgewandelt werden.

Als Frau von Mitte Zwanzig machte ich mir damals, als ich Frau Minding begegnete, nicht wirklich Gedanken über das Älterwerden. Das Leben lag noch vor mir und meine eigene Endlichkeit war meilenweit entfernt. Zwar gehörte ich zu jener Generation, die Sprüche wie »Trau' keinem über dreißig« an die Toilettenwand meines Lieblingslokals sprühte und bei Partys »*Live fast, love hard, die young*« grölte, aber über die Bedeutung dieser Phrasen nachgedacht habe ich nicht wirklich. Warum auch? Die Zukunft hatte eben erst begonnen, die Welt war dazu da von mir erobert zu werden, die mir zur Verfügung stehende Zeit erschien endlos.

An meinem dreißigsten Geburtstag bestaunte ich in einem großen Spiegel noch meine vielen Lachfalten, zum vierzigsten

Geburtstag verweigerte ich trotzig ein Geburtstagsfest, irgendwie ging mir plötzlich doch alles zu schnell. Ehe ich mich versah, stand der Fünfziger vor der Tür und die mir am häufigsten gestellte Frage lautete: »Hast du eine Krise?«

Hatte ich eine Krise? Ich würde es nicht als Krise bezeichnen. Krise klingt irgendwie nach Weltuntergangsstimmung, nach Drama und Verzweiflung, nach Schmerz und Angst. Nein, eine Krise hatte ich nicht. Aber spurlos an mir vorüber gegangen ist dieser Geburtstag auch nicht. Der hatte schon Gewicht. Ein halbes Jahrhundert bereit gelebt, die Hälfte des Lebens schon gelaufen. Das macht durchaus nachdenklich. In mir tauchten Bilder von den Händen meiner Großmutter auf. Wie sehr habe ich als Kind diese Hände mit den ausgeprägten Venen, die ich so toll hin und her rollen konnte, geliebt. Für mich als Kind gehörten diese Hände einer sehr alten Frau. Nur, meine Oma war damals erst knapp über fünfzig.

Der Fünfziger macht schon nachdenklich. Mir wurde bewusst, dass meine Zeit immer knapper wird und mein Aufenthalt hier auf diesem Planeten begrenzt ist. Dass es irgendwann ein Ende gibt. Wobei ich mir gar nicht vorstellen kann, wie eine Welt sich weiter drehen wird, der ich nicht mehr angehöre. Ich werde irgendwann einfach nicht mehr da sein. Seltsam unwirklich, diese Vorstellung. Genauso wenig in den Kopf zu bekommen wie die Vorstellung, das Weltall wäre unendlich.

Dann war da noch dieses Gefühl, mich nicht wie fünfzig zu fühlen. In mir drin war ich doch wie immer, da gab es keinen Unterschied zu früher. In mir drin war ich immer noch ich, war ich verträumt wie immer, war mein Herz hungrig nach

Liebe und Abenteuer, war ich voller Ideen, voller Träume und hatte ich Lust auf Verrücktes. Wie eh und je.

»Wie fühlt es sich an fünfzig zu sein?«, sinnierte ich also am Vorabend meines runden Geburtstages bei melancholischem Jazz und einem Glas Rotwein.

Damals, als ich Frau Minding begegnete und diese mir von der alterslosen Seele erzählte, habe ich mir nur kurz gedacht: »Interessant« und bin in meinem Leben weiter getrottet. Aber jetzt mit fünfzig musste ich feststellen, dass diese Körper-Seele Diskrepanz auch bei mir langsam Einzug hält. So war und bin ich noch nicht wirklich bereit für die tiefe Marionettenfalte, die mir die mütterliche Linie meiner Verwandtschaft vererbt hat und die sich vom rechten Mundwinkel nach unten zieht. Die Hitzewallungen, die mir täglich die Wechseljahre vergegenwärtigen, nehme ich zwar mit Humor, aber den zunehmenden Schwimmreifen um meine Leibesmitte finde ich nicht wirklich unterhaltsam. Ich bin auf dem Weg, eine in die Jahre gekommene Matrone zu werden. Dazu kommen erste Besenreißer, das sich Senken von Busen und Hintern, selbstverständlich brauch ich längstens schon eine Lesebrille und letztens hatte ich das erste Mal Probleme mit meinem Knie. Alles viel zu früh. Ich bin doch erst fünfzig und fühle mich wie dreißig. Manchmal sogar wie fünfundzwanzig. Hilfe, das geht mir alles viel zu schnell!

Seit meinem 50. Geburtstag meditiere ich regelmäßig über Mathilde Mindings Satz »Die Seele hat kein Alter« und ein Ende der Auseinandersetzung damit ist nicht absehbar. Im Moment bin ich davon überzeugt, dass sich das Leben rückblickend im Alter anfühlen wird, wie ein Wimpernschlag. Viele, vermeintlich wichtigen Dinge, werden sich als irrelevant erweisen und mir nur noch ein Kopfschütteln abringen. Ich hege die Vermutung, dass unsere »Seele«, andere mögen sie auch »Geist« oder einfach das »Ich« nennen, die eigentlich wichtige Sache im Leben ist. Ich habe jedenfalls begonnen, mich mehr mit ihr zu beschäftigen, nehme mir immer wieder bewusst Zeit dafür, meinen Blick nach innen zu richten und mich zu sammeln. Hänge ich besonders kühnen Gedanken nach, dann hoffe ich, dass man diese »Seele« auch mit hinüber nehmen kann, in die Welt auf der anderen Seite des Tunnels, in diese Welt, von der wir keine Ahnung haben.

Einsicht 3

Weisheit gibt es nicht geschenkt

»Wir müssen schauen, dass sie nicht in ihrem Zimmer vereinsamt«, weist Stationsschwester Ursula uns während der Dienstbesprechung an, blickt in meine Richtung und sagt: »Versuche du Frau Schwaiger dazu zu animieren, an der heutigen Singstunde teilzunehmen. Sie kann doch nicht nur in ihrem Zimmer sitzen.«

Rosemarie Schwaiger ist Bewohnerin in unserem Seniorenheim und hat ihr Zimmer seit ihrem Einzug vor sechs Monaten nicht verlassen. Jedes Angebot an gemeinschaftlichen Aktivitäten teilzunehmen, seien es Ausflüge, gemeinsames Kochen oder eben die Singstunde, wurden von ihr dankend, aber bestimmt abgelehnt. Dabei soll sie, laut Tochter, einmal sehr gesellig gewesen sein, denn sie war Jahre ihres Lebens Wirtin.

Ich betrete das Zimmer von Frau Schwaiger mit dem Vorhaben, ihren Rückzug heute zu beenden und die alte Frau wieder hinaus ins Leben, ins Heimleben, zu führen. Bevor ich ihr Zimmer betrete, atme ich durch, spanne meinen Rücken an, sammle Kraft und Durchsetzungsvermögen.

Rosemarie Schwaiger ist 90 Jahre alt, seit einem Sturz und einer Hüftfraktur sitzt sie im Rollstuhl, denn die notwendige Operation der Hüfte war misslungen. Während ich sie ausziehe, danach dusche, eincreme und wieder anziehe, beobachte ich aus den Augenwinkeln Frau Schwaiger. Wirkt sie traurig?

Verzweifelt? Hoffnungslos? Hat sie die Krise des Heimeinzuges vielleicht nicht verwunden?

Doch ich finde keinerlei Spur von Krise in ihrem Gesicht. Sie reagiert auf jede meiner Fragen, gibt klare Antworten, geht mit mir in Blickkontakt und lacht sogar, als ich ihr einen Schwank aus meinem Leben erzähle.

Also versuche ich erneut Frau Schwaiger zu einer Beschäftigung zu motivieren und preise die vielen Aktivitäten im Heim an, vom Singen, Kochen, Sitztanzen über Gedächtnistraining, Bastelgruppe und Tiertherapie. Doch Frau Schwaiger lehnt freundlich, aber beharrlich alle Angebote ab. Sie will in ihrem Zimmer bleiben.

Hilflos und auch eine Spur verärgert, denn meine Zeit drängt, da die nächste Bewohnerin bereits wartet, rufe ich: »Aber was tun Sie denn den ganzen Tag alleine in ihrem Zimmer? Ihnen muss doch schrecklich langweilig sein.«

Daraufhin schaut mich Rosemarie Schwaiger erstaunt an, lächelt nachsichtig und sagt dann: »Sie vergessen etwas. Ich sterbe bald. Deshalb habe ich auch viel zu tun. Ich frage mich, was habe ich gut gemacht im Leben und wo habe ich Fehler gemacht, bei wem muss ich mich entschuldigen, mit wem möchte ich noch etwas klären und was würde ich rückblickend anders machen? Ich habe wirklich viel zu tun. Singen würde mich nur ablenken.«

Wenn ich mich heute an diese Sequenz in meinem Berufsleben denke, dann lächle ich milde über meine Einfältigkeit und berufliche Übermotivation. Ich kann mich noch gut erinnern, wie tief berührt ich von den Worten dieser Frau war, wie überrascht von der Tiefe ihrer Gedanken.

Die wichtigen Dinge meines Lebens waren damals für mich im Außen, sie waren sichtbar und irgendwie immer auch laut. Tanzen gehen, Mode kreieren, mit Freundinnen reden und etwas erleben, mich aufregend verlieben oder auch schmerzlich an der Liebe leiden, das war wesentlich in meinem Leben als junge Frau kurz vor dreißig. Mein Blick auf das Leben war zu der Zeit auch ausschließlich nach vorne gerichtet. Es ging darum morgen etwas Spannendes zu erleben, in drei Monaten etwas zu erreichen oder in einem halben Jahr eine weite Reise zu machen. Inne zu halten, das Leben rückwärts zu betrachten und daraus bewusst meine Erfahrungen abzuleiten, war mir noch gänzlich fremd.

Wir Menschen kommen auf die Welt und lernen, manche behaupten sogar, wir kommen nur auf die Welt, um zu lernen. Atmen, saugen, schlucken, schreien und ausscheiden ist alles, was wir, so wir gesund in dieser Welt landen, von Beginn an selbstständig können. Alles andere müssen wir Schritt für Schritt und manchmal mühsam lernen, zuerst greifen, krabbeln, sitzen und laufen, später schreiben, lesen, rechnen, Rad fahren, kochen, Wäsche waschen, ein Auto lenken, im Internet surfen, einen Tisch bauen, ein Forschungsprojekt durchführen oder ein Buch schreiben. Dazwischen lernen wir den Menschen fürs Leben zu heiraten, Kinder zu bekommen, sie großzuziehen und dann wieder loszulassen. Wir meistern Herausforderungen, erleben Höhenflüge und scheitern kläglich, wir stürzen und stolpern über Krisen, erleiden Schmerz und fühlen uns, wenn wir nach dem Durchtauchen eines dunklen Tales wieder das Licht erreichen, oft wie Phönix aus der Asche. Jeder Tag des Lebens, jede Stunde, jede Minute im Leben ist lernen. Sogar im Schlaf lernen wir, verarbeiten wir Geschehnisse des Tages davor, lösen wir anstehende Probleme, suchen wir Wege für Projekte oder Vorhaben.

Dabei eignen wir uns neben technischen Kompetenzen auch soziale Kompetenzen an, also etwa wie wir Streit lösen oder wie wir jemanden um den Finger wickeln können, aber auch wie wir uns vor jemanden schützen und wie wir psychische Verletzungen verarbeiten können.

Wir lernen aus unseren Erfolgen, vor allem jedoch lernen wir aus unseren Niederlagen und Krisen. Erst im Rückblick werden Zusammenhänge sichtbar und erkennen wir, wenn wir uns etwas vorgemacht haben, uns in Unwichtigem verloren haben oder Vorhaben nicht konsequent zu Ende gedacht haben. Wir lernen bis zum letzten Tag unseres Lebens, entwickeln uns so weiter und sehen die Welt immer klarer. In dieses Lebensgeheimnis weihte mich Professor Valentin ein, dem ich in der Hauskrankenpflege begegnet bin.

Pünktlich auf die Minute, ganz wie versprochen, läute ich an der Tür von Dr. Walter Valentin, 85 Jahre alt, emeritierter Professor für Sprachwissenschaft und seit vier Wochen mein neuer Klient in der Hauskrankenpflege.
Heute ist für Herrn Professor Valentin ein aufregender Tag. Der wohl letzte Doktorand seiner Karriere, er hat ihn die vergangenen vier Jahre begleitet, stellt auf einer großen Fachtagung seine Forschungsergebnisse vor und Herr Professor

Valentin wird vorab, mit einem einleitenden Referat, die Zuhörenden ins Thema einführen.

Vor der Tür wartend, höre ich auf der anderen Seite die herannahenden Geräusche des Rollstuhls und das Stöhnen von Dr. Valentin. Vor ein paar Monaten musste ihm das rechte Bein unterhalb des Knies amputiert werden. Schuld daran ist ein Diabetes, den er jahrelang nicht ernst genommen hat und sich deshalb nur ungenau an Diätvorschriften und Insulindosis gehalten hat. Heute leidet er an den Spätfolgen des Diabetes, an Durchblutungsstörungen in beiden Beinen. Auch der linke Unterschenkel muss vermutlich in nächster Zukunft entfernt werden. »So lange ich lesen kann und denken, kann mich das Alter nicht brechen«, bemerkt er gerne zu seinem Schicksal und reckt dabei den Kopf trotzig hoch, als müsste er zeigen, dass noch viel Widerstandskraft in ihm steckt.

Während ich Herrn Dr. Valentin beim Duschen helfe, danach seinen Beinstumpf versorge und ihm anschließend beim Anziehen unterstütze, redet er ohne Unterlass, dabei wechselt er sprunghaft das Thema, sodass ich ihm inhaltlich kaum folgen kann. »Sind Sie nervös«, frage ich ihn irgendwann. Nach einigen Minuten Schweigen erklärt er mir mit fester Stimme: »Wissen Sie, es kostet viel Überwindung und Kraft, mich in meinem Zustand und meinem Alter vor ein Publikum zu stellen.«

Während ich ihm noch sein Frühstück richte, erzählt er mir mehr von seiner Angst, man könnte ihn belächeln und seine Aussagen nicht ernst nehmen, weil er ein alter Herr wäre, mit nur noch einem Bein und im Rollstuhl sitzend. Dabei würde er gerade jetzt im Alter irgendwie alles viel klarer sehen, ja sogar einen völlig neuen Blick auf Zusammenhänge bekommen, führt er erläuternd aus und schließt seinen Gedankengang mit dem Satz: »Wissen Sie, wir sind bis zum Schluss in Weiterentwicklung. Selbst ein Hundertjähriger entwickelt sich noch weiter. Als Seele, als Wesen, als Mensch.«

Die Aussage von Herrn Professor Valentin ist mir viele Wochen lang nicht aus dem Kopf gegangen. Beim Gedanken an Hochbetagte, haben viele Menschen doch immer noch den taubenfütternden Greis im Kopf oder die alte Dame, die zitternd der Supermarktkassiererin die Geldtasche hinhält, damit diese das Kleingeld rauszählen kann. Herr Valentin stellte dieses Bild von Alter, welches auch bei mir berufsbedingt sehr negativ war, auf den Kopf. Weiterentwicklung, auch im hohen Alter? Meine Neugierde war geweckt und so begann ich, in den Begegnungen mit alten Menschen, meine inneren Sensoren zu öffnen, für die Wahrnehmung dieser Weiterentwicklung. Sie könnte vielfältiger nicht sein.

Je älter Menschen werden, umso mehr halten sie Lebensrückschau und verarbeiten Erlebtes. Nicht jeder tut dies bewusst und nicht jeder sucht nach Lebenserkenntnissen. Der Blick zurück aufs Leben hat viele Gesichter.

Sehr häufig begegnet sind mir etwa alte Menschen, die ich als Vielfacherzähler bezeichne, wobei ich hier zwei Ausprägungen gefunden habe, den melancholischen und den enttäuschten Vielfacherzähler. Die melancholischen Vielfacherzähler schildern immer und immer wieder dieselben Geschichten und versinken am Ende jedes Rückblicks in Tränen, sie beweinen tragische Erfahrungen, trauern um Versäumtes und bemitleiden sich wegen der erlebten Ungerechtigkeiten.

Die enttäuschten Vielfacherzähler dagegen sind am Ende ihrer Rückblicke vor allem wütend, sie meinen das Leben wäre ungerecht gewesen und hätte ihnen das Glück vorenthalten. Die Qualität des erlebten Lebensrückblickes hat dabei weniger mit dem erlebten Leben selbst zu tun, sondern mit dem Grundcharakter der Persönlichkeit. Ich habe Menschen erlebt, zu denen das Leben eigentlich sehr gut war, die viel erreicht haben, kaum Schicksalsschläge erleben mussten und trotzdem verbittert auf ihr Leben schauten. Umgekehrt habe ich alte Menschen kennengelernt, denen das Leben sehr viel abverlangt hat, die viel Leid erfahren haben, deren Lebensrückblick jedoch trotzdem positiv war.

Manche Menschen können ihr Leben auch erst im Schutz des Vergessens verarbeiten, weil sie all die Jahre davor keine Zeit für einen Rückblick fanden oder weil sie traumatisiert waren und ihre Seele das bewusste Zurückschauen nicht ertragen hätte. In der Demenz können verschüttete Lebenskrisen und Traumata, aus den Tiefen des Unterbewusstseins und für Angehörige oft völlig überraschend, wieder auftauchen und nach Verarbeitung drängen.

Viele alte Menschen sammeln ihre Lebenserkenntnisse jedoch bewusst. Sie sortieren und betrachten Gelebtes oft über Jahre, reflektieren ihr Leben und ihre Handlungen und geben ihre Erfahrungen gezielt weiter. Diese hochbetagten Menschen bezeichnen wir in unserer Gesellschaft allgemein als weise.

Was genau ist Altersweisheit? Wird jeder alte Mensch automatisch weise? Ist Weisheit wirklich ans Alter gebunden oder kann auch ein jüngerer Mensch schon weise sein?

Laut Wissenschaft entsteht Weisheit durch ein Bündel an Fähigkeiten und Kompetenzen. Neben einem reichen Allgemeinwissen und Erfahrungswissen, verfügen weise Menschen über ein gutes Strategiewissen, damit können sie in Krisen auf hilfreiche Bewältigungsstrategien zurückgreifen und so schwierige Zeiten gut umschiffen. Sie besitzen zudem die Eigenschaft des Relativismus, was bedeutet, sie können persönliche Werte und Ziele situationsbedingt anpassen, ohne diese allerdings jedes Mal grundlegend in Frage zu stellen. Eine weitere wesentliche Stärke weiser Menschen ist die Fähigkeit Ungewissheit im Leben auszuhalten und mit Unsicherheit umzugehen. Schlussendlich ist es die Fähigkeit, das Faktenwissen, das Strategiewissen und das persönliche Erfahrungswissen in einen zeitlichen Kontext setzen und in Einklang bringen zu können. So entsteht die Fähigkeit, heute schon Auswirkungen von Lebensentscheidungen auf spätere Lebensphasen einschätzen zu können.

Die Weisheitsforschung spricht weniger von Altersweisheit, sondern vor allem von Lebensweisheit und bezeichnet sie als die höchste Ausprägung von Lebenserfahrung, wobei die Anzahl der gelebten Jahre nur untergeordnet eine Rolle spielen. Wesentlich für die Entstehung von Lebensweisheit ist die Fähigkeit des Menschen zu reflektieren, die Fähigkeit über grundlegende Fragen des Lebens nachzudenken und die gewonnenen Einsichten mit dem eigenen Leben in Kontext zu bringen. Weisheitsforschung betont, dass weise gewordenen Menschen diese Fähigkeit nicht erst im Alter entwickeln, sondern Selbstreflexion sich als entscheidende persönliche Stärke durch ihr gesamtes Leben zieht.

Weisheit gibt es also nicht geschenkt, musste ich auch in meinen vielen Begegnungen mit alten Menschen erkennen. Um Weisheit zu erlangen, muss ich an mir arbeiten. Ein Leben lang. Der britische Schriftsteller Aldous Leonard Huxley sagte dazu: »Erfahrung ist nicht das, was einem zustößt. Erfahrung ist das, was man aus dem macht, was einem zustößt.« Weisheit entsteht als Prozess einer immerwährenden Reflektion, sie muss aktiv erworben werden, über das gesamte Leben. Jeder Mensch ist damit auch selbst verantwortlich dafür, ob er vom Leben lernt und damit reift, oder nicht. Damit beginnen kann jeder sofort, heute noch. Etwa indem er bewusst und regelmäßig innehält, sich Zeit für einen kritischen Rückblick nimmt, Erkenntnisse sammelt, abspeichert, für die Zukunft lernt und auf diese Weise manche Fehler vermeidet. Was habe ich gut gemacht? Wo hätte ich etwas besser machen können? Wem muss ich danken? Bei wem sollte ich mich entschuldigen? Alle Fragen, die sich Rosemarie Schwaiger am Ende des Lebens gestellt hat, können auch hilfreich sein für kleine Standortbestimmungen zwischendurch. Damit am Ende des Lebens nicht nur Melancholie und Tränen oder gar Zorn den Blick zurück verstellen und trüben.

Für mich persönlich war der Kontakt mit Frau Schwaiger elementar und prägend. Als ich ihr begegnet bin, stand ich vor einem persönlichen Chaos. Mein Leben lag gerade in Scherben, alle Zukunftspläne waren fortgerissen, denn meine Scheidung hielt mich auf Trab. Verlustgefühle, Trauer, Hilflosigkeit wechselten sich mit Zorn und Wut ab. Die Begegnung mit Frau Schwaiger veränderte den Blick auf meine Krise und letztlich in Folge auf mein Leben. Nach einer genaueren Betrachtung meiner letzten zehn Jahre und meiner Beziehung, musste ich mir eingestehen, dass meine Ehe ohnehin auf einem morschen Fundament gebaut war. Ich musste mir gegenüber zugeben, dass mir der Mann an meiner Seite schon lange fremd geworden war und ich mich bereits lange Zeit nicht mehr glücklich fühlte. Nach Wochen der Wut, war ich endlich fähig zu sehen, dass das Leben gerade zwei Menschen trennt, die ohnehin schon in unterschiedliche Richtungen marschierten. Meine Scheidung verlief in Folge freundschaftlich und wenn ich meinem ersten Mann heute über den Weg laufe, dann erinnert mich die Begegnung daran, welche wichtigen Erkenntnisse und Veränderungen letztlich diese Trennung für mein Leben brachte.

Lebensrückblick halte ich seitdem regelmäßig und auf unterschiedliche Arten. Am Abend vor dem Einschlafen lasse ich etwa immer meinen Tag Revue passieren, dabei suche ich nach jenen Momenten des Tages, die mir besondere Freude bereitet oder mir eine neue Erfahrung gebracht haben. Kleine Rückblicke mache ich außerdem immer, sobald mich das Leben ein wenig stolpern lässt. Wenn ich krank werde, frage ich mich etwa, was mir mein Körper sagen will und ob ich etwas übersehen habe. Wenn ich ein Ziel, trotz großer Anstrengungen, nicht erreiche, dann suche ich nach möglichen höheren Gründen dafür und frage mich, worin der Vorteil des Scheiterns für mich liegt, ob das Erreichen des Zieles wirklich gut für mich wäre.

Vor Jahren war ich Gemeinderätin und drängte in eine höhere politische Funktion, wollte etwas bewirken, hatte die naive Vorstellung in der höheren Funktion etwas zum Besseren verändern zu können. Ich habe mich vier Jahre lang abgerackert und gekämpft. Doch statt Erfolg erntete ich letztlich Demütigung und rasselte beinah in ein Burnout. Diese Niederlage tat mir sehr weh, die Kränkung ging so tief, dass ich nachts von meinem eigenen Weinen erwachte. Doch schon bald nach meinem Scheitern war ich dankbar dafür, dass mein Schicksal dazwischen gefunkt und ich mein Ziel nicht erreicht hatte. Heute bin ich mir sogar sehr sicher, ich wäre schwer krank geworden als Politikerin, denn ich musste mich schon im Vorfeld permanent verbiegen und manche Menschen dieser politischen Gruppierung lagen mir, auch körperlich betrachtet, schwer im Magen.

Für einen großen persönlichen Rückblick habe ich ein Ritual entwickelt, mein Jahreswechselritual. Immer an Silvester, spätestens aber am Neujahrstag, nehme ich mir etwa zwei Stunden Zeit, ziehe mich zurück und betrachte das vergangene Jahr. Ich stelle mir Fragen zum Verlauf des Jahres und lasse dieses noch einmal auf mich wirken. Was waren Höhepunkte, was lief nicht so gut? Wer hat mich das Jahr über begleitet und wem sollte ich daher danken? Gibt es jemanden, den ich verletzt habe und bei dem ich mich entschuldigen sollte? Was nehme ich persönlich mit aus diesem vergangenen Jahr? Wofür bin ich besonders dankbar? Dieses Ritual, ohne dem ich mittlerweile kein neues Jahr mehr beginnen kann, macht mir jedes Jahr bewusst, wie gut es mir eigentlich geht, es macht mich demütig und innerlich zufrieden.

Seit ich Fünfzig geworden bin, krame ich außerdem gerne in meinen Fotokisten, meiner Musiksammlung und meiner Bibliothek. Welche Musik hat mich geprägt? Welche

Bücher haben mir einen Weg gewiesen? Welche Menschen haben mich begleitet? Ich erlebe die persönliche Rückschau als bereichernd. Immer wieder staune ich darüber, was ich alles schon in meinem Leben geschafft habe, wie viel Schmerz ich schon ertragen habe, wie viel Demütigungen ich überlebt habe, durch wie viel Unsicherheit ich durchgetaucht bin, um am Ende immer gestärkt daraus hervorzugehen.

Ich sammle meine Erfahrungen, sortiere sie, lerne vom Leben, füge täglich weitere Erfahrungen hinzu und entwickle mich damit weiter. Tag für Tag, Jahr um Jahr. Es ist mir wichtig, mich mit meinem Leben bewusst auseinanderzusetzen, das große, wie auch das kleine Glück in meinem Leben zu erkennen, aber auch Schmerz und Trauer bewusst zu leben und damit zu bewältigen.

Ironie des Schicksals oder doch ein Zeichen dafür, dass wir in Wirklichkeit nur auf dieser Welt sind, um zu lernen. Am Höhepunkt meines Wissens muss auch ich, wie Millionen Menschen vor mir, diese Welt verlassen.

Ella Mohr steht kurz vor ihrem hundertsten Geburtstag. Sie rechnet jeden Tag damit, »geholt zu werden«, wie sie mir bei unserem ersten und einzigen Kontakt erzählt. Seit einigen Jahren bin ich Pflegeleitung eines ambulanten Pflegedienstes und arbeite vor allem im Büro. Ich bin verantwortlich für Dienstpläne und effektive Routenplanungen, sowie Erstbesuche bei Menschen, die um Unterstützung und Pflege anfragen. Frau Mohr hat angerufen und Hilfe angefordert, weil sie seit ein paar Tagen nicht mehr alleine aus dem Bett kommt. Sie hätte keine Kraft mehr, erzählte sie am Telefon.

Beim Erstbesuch lerne ich eine Frau mit wettergegerbtem Gesicht und pfiffigem Kurzhaarschnitt in Weiß kennen. Ihre Augen strahlen voll Lebensfreude, sie lacht während des Gespräches einige Male schallend und gestikuliert raumgreifend mit den Händen. Kindheit in Preußen, Flucht in die Schweiz, Leben als Sennerin, Heirat eines Uhrenmachers, vier Kinder, davon eines früh verstorben, mit siebzig Jahren wird sie Witwe, Rückkehr nach Österreich - das sind ihre Lebensstationen, die sie mir im Telegrammstil nennt, um am Ende erneut zu betonen, dass sie jetzt bereit wäre für die »große Reise«.

»Das Leben ist seltsam«, fasst sie ihren Bericht zusammen und erklärt weiter: »Da kommen wir auf die Welt und haben keine Ahnung vom Leben. Jetzt aber, wo ich reich an Wissen bin, wo ich endlich weiß, worauf es im Leben ankommt, jetzt muss und will ich gehen.«

Einsicht 4

Mit sich selbst Frieden zu schließen macht frei

»Sie müssen meiner Mutter das Essen portionieren! Das geht so nicht. Sie hat schon fünf Kilo zugenommen, seit sie hier im Heim ist.« Es ist neun Uhr morgens und Anita Meingraf-Rieger, Inhaberin eines großen Modegeschäftes und Tochter unserer 87-jährigen Bewohnerin Josephine Meingraf, ist extra vor dem Frühstück ins Heim gekommen, um das Gewicht ihrer Mutter zu kontrollieren.

Sie hat uns beim Heimeinzug vor sechs Monaten angewiesen, das Gewicht der Mutter täglich im Auge zu behalten, damit diese nicht zunehmen würde. Die Mutter war ihr Leben lang schlank gewesen und sollte es auch im Heim bleiben.

Nach Beratung im Pflegeteam beschlossen wir, unsere neue Bewohnerin Josephine Meingraf, die sichtbar untergewichtig war, zuerst einmal in ihrem Essverhalten zu beobachten. Erstaunt stellten wir dabei fest, dass die alte Dame mit den dünnen Fingern, zu speisen liebte. Sie aß bewusst, kaute jeden Bissen bedächtig, schloss dabei manchmal sogar, als Ausdruck besonderer Verzückung, die Augen und seufzte: »Ich liebe Tiramisu« oder »Wunderbar, dieser Tafelspitz.«

Also luden wir die Tochter zwei Wochen später zu einem Gespräch bezüglich der Gewichtskontrolle. Anita Meingraf-Rieger, eine hagere Gestalt mit knochigem Gesicht und sehnigem Hals, erschien in weißem Kostüm, Pumps und Kelly-Bag. Nachdem wir ihr unsere Beobachtungen zum Essverhalten der Mutter geschildert hatten und ihr mitteilten, dass wir deshalb das Gewicht der Mutter nicht täglich kontrollieren würden, schrie sie uns entgegen: »Ich werde zu verhindern wissen, dass meine Mutter hier eine Altersverfettung bekommt!«

Seitdem erscheint sie nun Tag für Tag, seit sechs Monaten, kurz vor neun Uhr und kontrolliert persönlich das Gewicht der Mutter. Sie herrscht diese dabei an, sich auf die Waage zu stellen, liest das Gewicht ab und trägt es anschließend fein säuberlich in ein kleines Heftchen ein. Danach geht sie mit der Mutter, Arm in Arm, in den Frühstücksraum. Bei festgestellter Gewichtszunahme startet sie augenblicklich ihre Schimpftiraden gegen uns Pflegepersonal, nennt uns »fette Weiber«, die keine Ahnung von Ästhetik haben, oder »verfressenes Pack«, das keinen Sinn für Stil hat.

Seit Wochen rumort es im Team. Die Kolleginnen wollen sich nicht mehr länger diese Beleidigungen gefallen lassen. Außerdem tut ihnen die alte Dame leid, sie finden, es ist eine Frechheit, wie diese von der Tochter behandelt wird. Dann hat eine Kollegin eine Idee: »Sag', bist du nicht psychiatrische Krankenschwester?«, fragt sie mich in der Dienstbesprechung und fügt hinzu: »Kannst du die Meingrafs nicht übernehmen? Mit der Tochter muss doch jemand Tacheles reden.«

Also konzentriere ich mich für einige Tage auf Josephine Meingraf und ihre Tochter. Ich leiste unserer Bewohnerin beim Essen Gesellschaft und erfahre, dass sie ihr Leben lang das Essen kontrolliert hat. »Andere aßen Vanilleeis mit Schlagobers, ich aber trank Wasser. Mein Leben lang«, erzählte sie mir eines

Nachmittags bei Kaffee und Kuchen. Schon ihre Mutter achtete penibel auf ihre Schlankheit und gab die Wichtigkeit eines niedrigen Körpergewichts an die Tochter weiter. »Mit acht Jahren musste ich mit Mama gemeinsam dreimal die Woche auf das Abendessen verzichten«, schilderte Josephine Meingraf und erzählte mir, wie sie hungrig im Bett lag und nachts weinte. Trotzdem gab auch sie, wie gelernt, diese Essensdisziplin strikt an ihre Tochter Anita weiter. Drei Frauengenerationen erlaubten sich keine Sünde beim Essen, fühlten sich verpflichtet, einen sehr schlanken Körper besitzen zu müssen, um als attraktiv zu gelten und als Frau anerkannt und geliebt zu werden.

Heute am Morgen stellte die Tochter, Anita Meingraf-Rieger, bei ihrer Mutter eine Gewichtszunahme von sechshundert Gramm fest. Ich befinde mich gerade im Frühstückszimmer, als sie ihre Mutter unsanft in den Gemeinschaftsraum schubst und mit großen Schritten zu deren, von mir vorbereiteten, Frühstückstablett marschiert. »Die Butter kann weg und zwei Brote muss sie auch nicht essen«, weist sie mich an.

Mit lauter Stimme höre ich, zu meiner Überraschung, Josephine Meingraf Stellung beziehen: »Aber ich möchte zwei Brote essen. Und mit ganz dick Butter.« Die Tochter schnappt kurz nach Luft, dann schnaubt sie: »Mama, du wirst immer fetter. Das ist widerlich.« Es entsteht ein kurzes Schweigen zwischen den beiden Frauen, dann schaut mich Frau Meingraf-Rieger kämpferisch, mit Zornestränen im Gesicht an und schreit: »Jetzt sagen Sie doch einmal etwas. Das geht doch so nicht. Sie kann doch nicht plötzlich essen, was sie will!«

Ich wende mich der besorgten Tochter zu, versuche zu besänftigen, erkläre ihr, dass ihre Mutter sich entschieden hat, jetzt im Alter das Essen zu genießen und dass ein paar Kilo mehr der Mutter wirklich nicht schaden werden. Da höre ich Josephine Meingraf sagen: »Schätzchen, was habe ich dir nur mit meinem Schlankheitsdiktat angetan. Es tut mir so unendlich leid.« Perplex wegen der Worte steht die Tochter vor ihrer alten Mutter, die nun langsam ihre Arme öffnet und anfügt: »Es kommt doch nicht auf dein Gewicht an. Ich würde dich auch lieben, wenn du dick wärst.«

Plötzlich bricht das versteinerte Gesicht von Anita Meinhard-Rieger in sich zusammen, es öffnen sich innere Schleusen, und die gestrenge Geschäftsfrau eines Modehauses liegt weinend in den Armen ihrer betagten Mutter.

Wir kommen als Wunder auf diese Welt. Die kleinen Hände mit winzigen Fingerchen, die runzeligen Füße, unsere duftende Haut, der geschwungene Mund, die kleinen Ohren, die Nase. Während wir schlafen und saugen und saugen und schlafen, werden wir reihum bestaunt. Zu Recht, denn wir sind perfekt.

Wir beginnen zu greifen, zu krabbeln und zu laufen. Jeder unserer erlernten Schritte wird beklatscht und wir sind voll Selbstvertrauen, sind eins mit uns und der Umwelt. Wir werden fotografiert, beim Tretroller fahren, beim Sandburg bauen, beim Gummihüpfen und beim Baumklettern. Das erste Mal alleine mit dem Rad fahren ist ein wichtiges Ereignis in unserem Leben und wird von einer Videokamera und klatschenden Eltern begleitet, so wie auch der erste Schultag, wo Mutter und Vater vor Rührung Tränen in den Augen haben. Doch irgendwo auf dieser langen Reise ändert sich unser Selbstbild. Wir fangen an, an uns zu zweifeln. Vielleicht, weil wir damit beginnen, uns mit anderen zu vergleichen? Vielleicht auch weil wir in unserem Tun und Sein plötzlich korrigiert werden, mehr kritisiert als gelobt, und zu oft vor Gefahren gewarnt werden. Stolz präsentieren wir etwa ein gemaltes Pferd in Himmelblau und bekommen zu hören, Pferde wären nur braun, schwarz oder weiß. Unsere Sommersprossen scheren uns nicht bis zu jenem Moment, wo eine erwachsene Person dazu eine abwertende Bemerkung macht wie: »Hoffentlich vergehen die bis du erwachsen bist.« Plötzlich sagt uns nur noch selten jemand, dass wir wunderbare, starke, einzigartige Geschöpfe und einfach perfekt sind und wenn doch, dann glauben wir diesen Personen und ihrer Botschaft längst nicht mehr.

Je mehr wir uns dem Erwachsenwerden nähern, umso mehr zweifeln wir an uns selbst, an unserem Aussehen, an unserem Können, an der Richtigkeit unserer Meinung, wir glauben nicht gut genug zu sein, nicht schön genug, nicht wichtig genug für dieses Leben. Wir wünschen uns, anders zu sein, muskulöser, mit Waschbrettbauch, schlanker und mit größerem oder auch kleinerem Busen, mit krausem Haar, mit blondem Haar, mit kleinerer Nase oder höherer Stirn. Wir hätten gerne weniger Pickel im Gesicht, dafür aber mehr Charisma und Coolness. Wir würden gerne besser singen können, schneller schwimmen, länger laufen und überhaupt wären wir gerne viel mutiger. Eigentlich sind wir immer noch perfekt und ein kleines Wunder, doch das wissen wir nicht mehr.

Wenn wir Glück haben, treffen wir in dieser Phase der Pubertät und des jungen Erwachsenenlebens auf Menschen, die uns Vorbild im Leben sind. Selbstbewusste Menschen, die sich so nehmen, wie sie sind, zufrieden mit sich und der

Welt sind und damit auch uns in unserem Selbstbewusstsein stärken. Wenn wir Pech haben, begegnen wir aber Menschen, die selbst an sich zweifeln und uns damit zusätzlich schwächen und weiter verunsichern. Menschen, die uns vermeintliche Idole vor die Nase halten, uns gutgemeinte Ratschläge dafür geben, wie wir unsere angebliche Fehlerhaftigkeit unter Kontrolle bekommen können.

Frauenzeitschriften leben prächtig davon, ihre Leserinnen zu verunsichern und mit Diätvorschlägen auf die Sprünge zu helfen, mit Modetipps den zu großen Busen oder zu dicken Po zu verstecken und mit Fitnessübungen den Krieg gegen angebliche Problemzonen zu führen. Millionen Frauen verzichten Tag für Tag auf Genuss, um ihr Gewicht zu halten. Tausende junger Mädchen und Frauen hungern sich beinah zu Tode oder leiden unter Bulimie, müssen also nach dem Essen zwanghaft alles wieder erbrechen, damit sie ja kein Gramm an Körpergewicht zunehmen. Halbwüchsige Mädchen werden schon von ihren Müttern an Diäten herangeführt, in die Einnahme von Abnehmpillen unterwiesen, in die Regulierung der Gewichtszunahme durch Verzicht auf Abendessen oder Erbrechen nach dem Essen. Ich übertreibe? Nein, tue ich nicht. All diese Dinge finden statt. Zugegeben, nicht in jeder Familie, aber in vielen und in der Regel versteckt. Ich kann mich noch gut erinnern, wie entsetzt ich als Mädchen war, als mir zwei Freundinnen erklärten, ihre Mutter hätte ihnen gezeigt, wie sie nach dem Essen mit geringem Aufwand Erbrechen auslösen könnten. Beide Mädchen wuchsen zu Frauen heran, die ihr halbes Leben entweder magersüchtig waren oder, selbst bei einem Festessen im Restaurant, nach jedem Gang auf die Toilette liefen, um zu erbrechen. Erst kürzlich hat mir eine befreundete Apothekerin gestanden, dass sie mindestens einmal pro Woche hilflos irgendeiner Mutter gegenüber stehen würde, die für ihre zwölfjährige Tochter Pillen zum Abnehmen kaufen möchte, weil diese noch so viel »Babyspeck« hätte und dieser langsam mal weg sollte.

War dieser Körperwahn früher vor allem jungen Frauen vorbehalten, hat er längst auch bei jungen Männern Einzug gehalten. Sie tummeln sich zu Tausenden in Fitnessstudios und prahlen via soziale Medien mit ihrem gestählten Körper. Sie quälen sich mehrmals die Woche mit Gewichten, versuchen Muskeln aufzubauen, nehmen Proteingetränke zu sich oder gar Anabolika, nur um einen Körper zu formen, den die Natur auf diese Art gar nicht vorgesehen hat.

Wir geben in jungen Jahren so ungeheuer viel Zeit in den Erhalt und die Korrektur von Aussehen und Körper, so viel Lebensenergie in die Kontrolle von Gewicht und in den Widerstand gegen Genuss und Sinnlichkeit. Nur selten führen all diese Maßnahmen zu mehr Selbstsicherheit, meistens bleiben die Selbstzweifel. Oft ein halbes Leben lang.

Mit diesen Selbstzweifeln schaden wir uns selbst, denn unsere Meinung über uns selbst zeigt Auswirkungen überall im Leben. Wer sich selbst klein macht, fühlt sich auch klein. Wer denkt, er wäre hässlich, fühlt sich auch hässlich. Wer meint, nichts wert zu sein, fühlt sich auch wertlos. Die Folgen sind Mutlosigkeit, persönliche Enge, Abhängigkeit von der Anerkennung anderer und geringes Durchsetzungsvermögen.

Wer sich dagegen in seiner Haut wohl fühlt, wer in Frieden mit sich lebt, wer lernt, mit seinem vermeintlichen Makel zu leben, ja seine Unvollkommenheit sogar als Teil der persönlichen Unverwechselbarkeit zu sehen, gewinnt an Leichtigkeit im Leben, an Kraft, Freude, Mut und sogar an Erotik.

Bärbel Rottmann, 88 Jahre alt, steht unter der Dusche und singt »Singing in the Rain«, während ich sie von Kopf bis zu den Zehen einseife. Beim anschließenden Abspülen mit warmen Wasser hält sie beide Arme hoch, schaut mich neckisch an und meint: »Schauen Sie sich einmal diese Brüste an. Alles noch knackig und prall«, danach dreht sie sich zur Seite, zwinkert mir verschwörerisch zu und erklärt weiter: »Ja und erst mein Arsch. Ich sage Ihnen, damit hatten die Männer große Freude.« Daraufhin kichert sie wie ein junges Mädchen und beginnt wieder zu singen.

Frau Rottmann bezeichnet sich in Gesprächen gerne als Lebefrau. Geboren in eine Berliner Künstlerfamilie und dadurch gewöhnt auch mit wenig Geld über die Runden zu kommen, startete sie bereits mit siebzehn Jahren ihr Berufsleben. Sie ging nach Paris, heuerte dort als Bardame an, war später Tänzerin, danach kurz Ehefrau eines Angebers, so bezeichnet sie ihren ersten Ehemann. Nach der Scheidung und ausgestattet mit einer schönen Summe Trostgeld, sie hatte den Ehegespons in einem fremden Bett erwischt, reiste sie nach New York und entkam so den Wirren des zweiten Weltkrieges. Sie verliebte sich in einen Musiker, tingelte mit ihm jahrelang durch Amerika und betrieb danach eine kleine Bar mit Livemusik in New Orleans, wo sich viele Musikgrößen des Dixieland Jazz die Klinke in die Hand gaben. Dort, in ihrer kleinen Bar, lernte sie, gerade fünfzig geworden, ihren zweiten Mann kennen, einen Musiknarren aus Österreich auf Kurzurlaub in New Orleans, der sich als Besitzer eines bekannten Tanzlokals in Wien entpuppte. Also ging die Lebensreise weiter nach Wien, wo sie bis zum Tod des Ehemannes lebte.

Frau Rottmann steigt bedächtig und mit meiner Hilfe aus der Dusche. Was jetzt gleich folgen wird, ist ein Körperpflegeritual der Extraklasse, denn Frau Rottmann pflegt nur perfekt geschminkt und parfümiert in den Speisesaal des Seniorenheims zu gehen, wo sie jedes Mal bereits ungeduldig von mehreren alten Herren erwartet wird.

Ich drücke ihr ein wenig Körperlotion in die Hand, damit sie sich Brust und Bauch eincremen kann, während ich selbst ihr den Rücken einschmiere. »Wie kommt es, dass Sie immer noch so eine knackige Figur haben? Und so begehrt bei den Männern sind«, knüpfe ich an ihre kleine Selbstdarstellung unter der Dusche an und bin schon auf die Antwort der lebenslustigen alten Dame gespannt.

»Ich habe einfach gegessen und getrunken, gelebt und genossen, deshalb war ich immer mollig. Das hält faltenfrei und knackig.« Während sie dies sagt, zuckt sie mit den Schultern, danach lässt sie mich erneut ihr Jungmädchenlachen hören.

Als ich mich nach getaner Arbeit anschicke, ihr Zimmer zu verlassen, fügt sie hinzu: »Ich konnte mich selbst immer gut leiden und ich liebe einfach das Leben. Das ist das Geheimnis.«

Als ich Bärbel Rottmann begegnet bin, war ich Mitte Zwanzig und ein Mauerblümchen. Wie fast alle Frauen in meinem Umfeld, war ich unzufrieden mit meinem Äußeren, fand auch ich mich hässlich und zu dick. Ich litt an meinem zu großen

Busen, meiner zu breiten Nase und der kleinen Lücke zwischen meinen Vorderzähnen. Der morgendliche Tritt auf die Waage begleitete mein Leben. Hatte ich abgenommen, begann der Tag gut, hatte ich zugenommen, bedauerte ich die Sünden des Vortages.

Bärbel Rottmann wirkte mit ihrer Aussage nicht sofort korrigierend auf mein Leben, aber sie war fortan irgendwie in mir anwesend, als widerspenstige innere Stimme. So kam es, dass ich zwar gerne schlanker gewesen wäre, immer wieder auch an meinem Gewicht litt, aber nie ernsthaft erwog, Verzicht zu üben. Während Freundinnen im Gasthaus prinzipiell Salat mit Hühnerstreifen bestellten, gönnte ich mir absichtlich ein Gulasch und während Kolleginnen im Kaffeehaus Soda mit Zitrone orderten, genoss ich meine Melange mit Obers. Wenn mich jemand in meinem Umfeld auf mein Genießen ansprach, erzählte ich die Geschichte von Frau Rottmann und wies darauf hin, dass ich später einmal nicht so früh Falten bekommen würde. Das bringt Nörglerinnen fast immer zum Schweigen.

Seit ich Fünfzig bin, blättere ich gerne in meinen Fotoalben. Ein Blick zurück, der mich oft richtig zornig macht. Ich sehe auf den alten Fotos ein bezauberndes junges Mädchen und erinnere mich gleichzeitig daran, wie unzufrieden ich mit mir war und wie ich Jahre meines Lebens versucht habe, meine vermeintlichen Mängel zu verstecken. Warum war da niemand, der mir gesagt hat, wie hübsch ich eigentlich bin? Warum war da niemand, der mir beibrachte, meinen Körper und mich zu lieben?

Wenn ich manchmal junge Mädchen im Bus oder auf der Straße sehe, so unglaublich frisch und voll Leben, so knackig und kess, wenn ich sehe, wie unsicher sie sind, dann würde ich sie oft am liebsten kräftig schütteln und ihnen zurufen: »Hey, du bist ein kleines Wunder, so wunderbar und einzigartig!« Da ich aber weiß, damit kann ich sie nicht überzeugen, lasse ich es und wünsche ihnen, dass sie in nicht allzu langer Ferne Frieden mit sich schließen und befreit das Leben genießen können.

Mir hat vor ein paar Jahren eine ältere Freundin das Buch »Das Leben ist zu kurz für Knäckebrot«, geschrieben von der deutschen Coachin Sabine Asgodom, geschenkt. Die Autorin schimpft in diesem Buch über die Uniformität in unserem Kulturkreis und zieht einen Vergleich mit der Blumenwelt, sie meint, es würde in der Natur eben nicht nur Gänseblümchen oder Rosen geben, sondern viele verschiedene Blumen und genau diese Vielfalt wäre wunderbar. Als ich dieses kleine Buch las, dachte ich nach vielen Jahren wieder einmal an Frau Rottmann und ihr Auftreten unter der Dusche. Ich erinnerte mich daran, wie frei sie war, wie zufrieden mit sich und wohl gerade deshalb so attraktiv, auch im hohen Alter.

Ich sinnierte darüber nach, welche Blume ich wäre und es war mir, als würde mir meine Großmutter zurufen: Denk' an die gelbe Dotterblume deiner Kindheit!« Stimmt, die gelbe Dotterblume, meine Lieblingsblume zu dieser Zeit.

Also habe ich beschlossen, mit mir Frieden zu schließen und keine Rose mehr werden zu müssen, keine Lilie und keine Orchidee. Ich bin eine Dotterblume, eine sattgelbe und zufriedene Dotterblume. Endlich.

Einsicht 5

Talente wollen gelebt werden

An einem heißen Sommertag fahre ich die Burgstraße, eine lange Kastanienallee, entlang und suche die Hausnummer 110. Hinter riesigen Fichten finde ich, nach einigen Wendemanövern, an der genannten Adresse ein altes Holzhaus. Das kleine Häuschen ist durch die Witterung lange schon schwarz verfärbt und hat hellblaue Fenster mit grünen Fensterläden. Im Garten stehen unzählige große, üppig bemalte Vogelhäuschen und Skulpturen, die indianisch anmuten. Rechts neben dem Eingang befindet sich ein kleiner Vorbau, darin sehe ich einen Tischaltar, ebenfalls mit bunten Figuren. Je mehr ich mich umschaue, umso mehr Details kann ich erkennen. Dutzende kleine geschnitzte und bemalte Holztafeln an der Hauswand, bunte Figuren, die auf den Latten des Holzzauns sitzen, in den Sträuchern hängen Fabelwesen und direkt neben dem Eingang steht ein geschnitzter Hund, der an die Wand pinkelt.

»Was wollen Sie? Glotzen'S da nicht so neugierig rum.« Mit diesen Worten begrüßt mich ein stattlicher Mann mit dickem Bauch und rotem Gesicht.

»Ich suche Nikolaus Maier«, entgegne ich freundlich und ahne, dass ich jenen Herrn bereits vor mir habe, den ich ab heute mehrmals wöchentlich beim Duschen unterstützen und dessen offenes Bein ich verbinden soll.

Im nachfolgenden Erstgespräch, das dazu dient, die Wünsche und Lebenssituation meines zukünftigen Klienten zu erheben, erlebe ich einen Mann, der mir zu beweisen versucht, der missmutigste Mensch der Welt zu sein. Bei Fragen, die ihm zu intim sind, funkelt er mich zornig an und schweigt, Antworten bekomme ich nur zögerlich, meistens redet seine Ehefrau Martha. Sie war es auch, die Hilfe angefordert hat, denn sie ist damit überfordert, ihrem Mann beim Duschen zu helfen, da sie selbst gehbeeinträchtigt und kurzatmig ist.

»Ihr Häuschen ist ein Kleinod«, sage ich, mit Blick zu Nikolaus Maier, während seine Frau mir ein Glas Wasser holt. Die Antwort kommt aus der Küche: »Hat alles mein Mann gemacht.« Herr Maier kneift die Lippen zusammen, legt sein Gesicht noch mehr als vorher in Falten, richtet den Blick auf die Tischplatte und brummt: »Das interessiert die Frau sicher nicht.«

Nikolaus Maier wollte als junger Mann Kunst studieren, Holzbildhauer wollte er werden. Aber wie zu dieser Zeit üblich, bestimmte sein Vater darüber, welchen Beruf der junge Nikolaus ergreifen durfte. So wurde aus Nikolaus Maier kein Künstler, sondern ein Maurer. Jahrzehntelang arbeitete er auf zugigen Baustellen, stellte Ziegel auf Ziegel, verputzte Wände und ernährte damit seine kleine Familie. Für diese baute er auch ein kleines Haus, natürlich aus Holz, weil er das Material Beton nicht leiden konnte. Das Haus bestand aus Küche, Schlafzimmer, Wohnzimmer, zwei Kinderzimmer und einer kleinen Werkstatt, die sein Rückzugsort wurde. Der Ort, an dem er anfing, indianisch anmutende Figuren aus Holz zu schnitzen und zu bemalen.

»Kann man von Ihnen auch Kunstwerke kaufen? Ich suche schon lange nach einem einzigartigen Vogelhäuschen«, frage ich vorsichtig in den Raum hinein und wappne mich gleichzeitig für eine grobe Absage. »Meinen Sie das ernst?«, entgegnet Herr Maier und entfaltet sein Gesicht zu einem freudigen Lächeln.

Ich erfahre nun seine Lebensgeschichte, werde im prächtigen Garten von Skulptur zu Skulptur und von Vogelhaus zu Vogelhaus geführt, darf eine Auswahl an Tischaltären betrachten und werde zum Schluss sogar ins Allerheiligste vorgelassen, in die Werkstatt des Künstlers.

Obwohl ihm jeder Schritt schwer fällt, seine Gelenke schmerzen, seine Finger an Kraft verloren haben, steht Nikolaus Maier jeden Tag in dieser Werkstatt und arbeitet ein paar Stunden an seinen Kunstwerken. Als ich eine Figur betrachte, die auf seinem Arbeitstisch liegt, erklärt er entschuldigend: »Heute mit 88 Jahren mache ich halt nur noch sehr grobe Sachen. Wissen Sie, die Finger machen nicht mehr so mit.« Sagt es, nimmt die Figur vom Tisch und streichelt sie liebevoll.

Der alte Mann mit seinen wunderbaren Figuren und seiner unbändigen Freude am kreativen Schaffen hat mich begeistert. Dieses Blitzen in den Augen als er mir seine Werke im Garten zeigte, sein Strahlen als ich mit meinen Händen über manche seiner Figuren strich, sein Stolz als er merkte, dass ich wirklich interessiert bin. In späteren Gesprächen erzählte er mir, wie satt und zufrieden er sich fühlen würde, wenn er mit Holz arbeiten und seiner Leidenschaft nachgehen könnte. Er wäre einfach glücklich in seiner Werkstatt. Immer wieder betonte Nikolaus Maier auch, dass er es bereue, sich damals als junger Mensch nicht dem Drängen der Eltern widersetzt zu haben und dem Ruf seines Herzens gefolgt zu sein.

Die heute hochbetagten Menschen hatten im Leben meistens nicht die Möglichkeiten, selbst darüber zu entscheiden, welchen beruflichen Weg sie gehen möchten. Es waren vor allem Eltern und vor Ort vorhandene Jobangebote, die über Lebenswege entschieden. Unzählige Männer dieser Generation erfuhren in jungen Jahren, wie auch Johann Maier, dass es nicht darum geht, seine Träume und Leidenschaften zu leben, sondern darum einen sicheren Job anzustreben, der in Zukunft eine Familie ernährt. Also nahmen sie, was sie bekamen, ließen Eltern und Verwandte über ihren Berufsweg bestimmen und lernten ordentliche, also vorhandene und sichere Berufe. Koch statt Fotograf, Tischler statt Steinmetz, Lehre statt Matura und Studium. Die meisten Männer der alten Generation verbrachten zudem den größten Teil ihres Lebens in ein und demselben Beruf, ja oft sogar dreißig und mehr Jahre in derselben Firma.

Bei Mädchen war vorgesehen, dass sie in Zukunft Mutter und Hausfrau werden, die Planung eines Berufsweges war deshalb sekundär. Acht Klassen Schule, danach die erstbeste Arbeitsstelle annehmen, als Hausmädchen oder Verkäuferin, war für Frauen dieser Zeit Usus. Eine Lehre zu machen, Abitur oder gar Studium zu absolvieren war unüblich und höchstens in städtischen bürgerlichen Familien zu finden. Sobald in dieser bürgerlichen Familie ein Sohn und eine Tochter vorhanden waren, musste auch hier die Tochter einen Schritt zurück treten und dem Bruder den Vortritt lassen. So gibt es etwa viele Familien, in denen der Sohn traditionell und über Generationen hinweg Mediziner wurde, die Töchter aber maximal Krankenschwestern. Mädchen wurden auf ihre Rolle als Mutter und Hausfrau vorbereitet. Wovon sie träumten, welche Wünsche ans Leben sie hatten, war aus Sicht der Eltern und Gesellschaft meistens irrelevant.

Im Lebensrückblick gehört der Verzicht auf den selbstbestimmten beruflichen Weg zu den großen schmerzlichen Erinnerungen vieler alter Menschen. Hier habe ich als Zuhörerin immer wieder große Wehmut vernommen, das Gefühl etwas versäumt zu haben, oft verknüpft auch mit der Frage, wie wohl das Leben verlaufen wäre, hätte der eigene Berufswunsch gelebt werden dürfen.

In den Lebensgeschichten konnte ich jedoch auch oft entdecken, dass Talente sich ihren Weg trotzdem suchen und Menschen Wege finden, sie zu leben. So wie Nikolaus Maier, der in seiner kleinen Werkstatt über Jahre hinweg indianisch anmutende Holzskulpturen geschaffen hat. Oder wie Alba Ninetti, die sich ihren persönlichen Traum erst jenseits der Neunzig erfüllte.

Es ist ein sonniger Frühlingstag als ich, an blühenden Tulpen und Fliederbüschen vorbei, zum Seniorenheim »Haus Rosemarie« schlendere. Ich habe einen Termin beim neuen Pflegedienstleiter, er überlegt ein Seminar zu buchen und will genauere Informationen über mich und meine Angebote.

Als ich den Vorgarten entlang gehe, begrüßt mich ein holpriges Klavierspiel. Es kommt aus dem Seniorenheim und klingt, als würde jemand Tonleitern und einfache Musikstücke üben.

Beim Betreten der lichtdurchfluteten Eingangshalle sehe ich tatsächlich einen großen schwarzen Flügel im Raum stehen und dahinter entdecke ich eine sehr alte Dame, die in sich selbst versunken, mit Blick auf die Tasten, Klavier spielt.

Da ich es eilig habe, der Pflegeleiter wartet bereits, marschiere ich an der Klavier spielenden Frau vorbei zu meinem Termin. Das Gespräch mit dem Pflegekollegen verläuft zu meiner Zufriedenheit. Ich erlebe einen engagierten Fachmann mit viel Feingefühl für alte Menschen. Beste Voraussetzungen also für eine zukünftige kollegiale Zusammenarbeit. Wir vereinbaren die Durchführung von mehreren Seminaren in seinem Heim. Nach etwa einer Stunde verabschiede ich mich zufrieden.

Als der Pflegedienstleiter die Tür seines Büros öffnet, dringt erneut das Klavierspiel an meine Ohren und ich kann deutlich hören, wie die Tonleitern und Musikstücke bereits flüssiger und harmonischer klingen.

Frau Alba Ninetti, so heißt die 92-jährige Bewohnerin des Seniorenheims, wie ich später erfahre, sitzt immer noch am Klavier. Ihre Haut ist dünn und blass, das weiße Haar hat sie zu einem Knoten hochgesteckt, sie trägt eine weiße Bluse mit einem hohen Kragen aus Spitze. Griffbereit neben ihr steht ein grauer Rollator. Während des Spielens hält die alte Dame ihren Rücken kerzengerade, ihre Augen sind geschlossen und auf den Lippen liegt ein sanftes Lächeln. Bedächtig gleiten die knochigen Finger von Frau Ninetti über die Tasten.

Die klavierspielende Frau in Weiß umgibt eine Aura aus innerem Frieden und Intimität. Ich kann gar nicht anders, als inne zu halten, mich leise auf einem Stuhl niederzulassen, dem Spiel der alten Frau zu lauschen und zu staunen.

Irgendwann beendet sie ihre Übungen, öffnet die Augen und lächelt, als sie mich sieht. »Moll-Tonleitern sind etwas zum Träumen«, erklärt sie mir mit verzücktem Gesichtsausdruck. Nachdem ich mich bei ihr vorgestellt und auch ihren Namen erfahren habe, frage ich Alba Ninetti, ob mein Eindruck stimmen würde und sie wirklich erst kürzlich begonnen hätte, Klavier zu lernen.
Die alte Dame nickt lächelnd: »Ja, ich wollte als Kind immer Pianistin werden. Vor einem Monat habe ich endlich begonnen, dieses wundervolle Instrument zu lernen. Und was soll ich sagen, Klavierspielen macht mich glücklich.« Dann nimmt sie das dicke Notenheft vom Klavier, schlägt die letzte Seite auf, zeigt mit der Hand auf das allerletzte Musikstück und erklärt mir stolz: »Bevor ich sterbe, kann ich dieses Stück noch spielen.«

Heute sind es nicht mehr Eltern, die dem persönlichen Berufswunsch im Weg stehen, heute ist es der Mensch selbst und sein fehlender Glaube an die eigenen Talente. Neuerdings ist es aber auch wieder unsere Gesellschaft, die junge Menschen dazu drängt, statt des ersehnten Berufes, doch einen sinnvollen Beruf zu lernen, also einen, der in Zukunft ein zufriedenstellendes Einkommen verspricht. Tausende junge Menschen wagen es nicht mehr sogenannte Orchideenfächer, etwa Archäologie oder Orientalistik, zu studieren, obwohl sie magisch davon angezogen wären. Sie entscheiden sich stattdessen, unterstützt von Beratungsstellen und Eltern, für neue Fächerkombinationen, die Karriere versprechen, landen in oft jahrelangen Praktika, bevor sie irgendwann vielleicht ein Stück des Kuchens erhaschen dürfen.

Wann immer ich älteren Menschen begegnet bin, die ihre Talente beruflich leben konnten oder später einen Weg fanden, ihrer Leidenschaft nachzugehen, fand ich Zufriedenheit und Glück in den Gesichtern.

Mongolei 2004. Ich sitze im kleinen Überlandbus von Ulaanbator nach Zavkhan, einer Region im Nordwesten des großen, wilden Landes. In den kommenden drei Wochen werde ich einem mongolischen Schamanen und Stammesführer in der Betreuung alter und dementer Menschen zur Hand zu gehen. Es handelt sich um ein Versprechen, welches ich einlöse.

Der Überlandbus ist randvoll mit Menschen, lebenden Hühnern, zwei Zicklein, Mehlsäcken und Kisten, gefüllt mit gelben Rüben. Nach und nach verlassen die Mitreisenden an einsamen Stationen im Irgendwo den Bus. Als ich der letzte Fahrgast bin, klettere ich nach vorne zum weißhaarigen Buslenker und sehe einer schweigsamen, rund sechsstündigen Fahrt entgegen, denn ich spreche kein Wort Mongolisch.

»Woher kommen Sie?«, fragt mich in perfektem Deutsch der Fahrer des Busses zu meiner Überraschung nach einer stillen Stunde Fahrt, lächelt mich mit blitzweißen Zähnen schelmisch an und fügt erklärend hinzu: »Ost-Berlin, fünfzehn Jahre lang.«

Er heißt Zolbayar Lobsang, studierte auf Wunsch seiner Eltern Deutsch und Philosophie in Berlin, danach war er zwanzig Jahre lang Universitätsprofessor, zuerst in Berlin, danach in Ulaanbator, ehe er seine Universitätslaufbahn an den Nagel hängte und sich endlich jenem Beruf zuwandte, von dem er eigentlich sein Leben lang träumte. Busfahrer.

»Sie meinten es gut und haben sich die Butter vom Buttertee gespart, damit ich in Berlin studieren kann«, berichtet er mit zärtlichem Gesichtsausdruck vom Anliegen der Eltern, die das schwere Leben mongolischer Nomaden führten. »Sie wollten, dass es mir besser geht im Leben.« Erst nachdem die Eltern gestorben waren, Zolbayar Lobsang war zu der Zeit 56 Jahre alt, sattelte er beruflich um und wurde Busfahrer. Seitdem kutschiert er in tagelangen Überlandfahrten Menschen, Einheimische wie Touristen, durch die endlosen Weiten der Mongolei und gesteht mir kurz vor meinem Reiseziel: »Es war die beste Entscheidung meines Lebens.«

Wie oft im Leben verleugnen wir unsere innere Stimme, den eigenen Wunsch und die eigenen Träume, wenn es um Lebensentscheidungen geht. Statt auf uns selbst zu hören, lassen wir uns von anderen Menschen beeinflussen, orientieren uns an Sichtweisen von Freunden oder stolpern über Meinungen Fremder.

Ich wollte etwa mit fünfzehn Jahren das Gymnasium abbrechen und eine Lehre zur Fotografin machen, mein Traumberuf damals. Wie zu der Zeit üblich, schickten mich meine, wegen des geplanten vorzeitigen Schulabbruchs von mir enttäuschten Eltern, zu einem Berufsfähigkeitstest ins Arbeitsmarktzentrum. Ich sollte in dem Test beweisen, dass ich auch wirklich zur Fotografin tauge. Zu meinem Pech und mit folgenschwerer Wirkung auf mein junges Leben, wurde bei dem Test ein angeblich fehlendes räumliches Vorstellungsvermögen festgestellt. Damit wurde mir bescheinigt, für eine Fotografenlehre ungeeignet zu sein. Köchin wäre der richtige Beruf für mich, meinte lächelnd die biedere Hexe vom Arbeitsmarktservice und meine Eltern sahen mich dabei vorwurfsvoll an. Also blieb ich fürs Erste doch lieber weiter im Gymnasium, bis ich über das System Schule ohnehin stolperte. Noch heute ist Fotografie meine bevorzugte Kunstform, wandle ich gerne stundenlang durch Fotoausstellungen, liebe ich es, selbst zu fotografieren und habe ich, Ironie oder Zufall, einen Fotokünstler zum zweiten Ehemann genommen. Wie wäre mein Leben wohl verlaufen, hätte ich damals die Fotografenlehre doch durchgesetzt?

Einen weiteren, mein Selbstvertrauen und mein Vertrauen in die innere Stimme schwächenden Menschen konnte ich Jahre später, mit Hilfe eines alten Mannes, entlarven und damit zum Schweigen bringen. Es war ein Mensch, der eigentlich die Aufgabe gehabt hätte, junge Menschen wie mich zu stärken. Doch er tat das Gegenteil.

»Merkt euch eines, ihr seid nur kleine Krankenschwestern und ihr bleibt kleine Krankenschwestern«, pflegte einer meiner Pflegelehrer gerne zu predigen und wetterte danach ausgiebig über Pflegekollegen, die sich nach der Grundausbildung weiterbildeten, Psychotherapieausbildungen machten oder gar ein Studium begannen.

Wie tief dieser vielfach gehörte Satz wirkte, erkannte ich erst Jahre später. Ich war fünfunddreißig Jahre alt und hatte die letzten zehn Jahre erfolgreich einen ambulanten Pflegedienst aufgebaut, der mittlerweile täglich rund dreihundert Menschen zu Hause versorgte. In mir war trotz des erreichten Erfolges Unzufriedenheit, ich hatte tief in mir drin das Gefühl, beruflich weiterziehen und etwas Neues wagen zu müssen.

Doch mir fehlte der Mut, etwas hielt mich zurück. Genau zu diesem Zeitpunkt begegnete ich dem Künstler István Horvath, eine Begegnung, die die Ursache meiner Mutlosigkeit offen legen sollte.

Meine Mitarbeiterin Susanna ist krank, die anderen Kolleginnen haben keine freien Zeitressourcen mehr, also werde ich die nächsten Tage Susannas Patienten übernehmen.

»Die Chefin persönlich kommt zu mir.« Mit diesen Worten begrüßt mich am zweiten Tag der 88-jährige István Horvath mit ungarischem Akzent, schüttelt mir freudig die Hand und bittet mich in seine Wohnung, in der an allen Wänden dichtgedrängt von ihm gemalte Gemälde hängen.

Vor etwa vier Jahren hatte er bei mir angerufen und um Hilfe gebeten, er erzählte nach einem Schlaganfall Probleme zu haben, alleine seinen Alltag zu meistern, vor allem die selbstständige Körperpflege und das Anziehen würden ihm schwer fallen. Seit diesem Tag wird er täglich von meiner Kollegin Susanna besucht und unterstützt.

Herr Horvath soll heute gebadet werden. Mein Besuch wurde auf seinen Wunsch hin auf 15 Uhr gelegt. Als ich die Wohnung betrete, registriere ich den Duft von Kaffee. »Ich dachte, wenn die Chefin selber kommt, dann ist das ein Festtag«, erklärt er und weist mit den Armen in Richtung Küche. Da er mein letzter Patient an diesem Tag ist, beschließe ich, mir Zeit zu nehmen.

Geboren im Osten von Ungarn, direkt an der ukrainischen Grenze, als Sohn armer Bauern, war er einige Jahre Tagelöhner, ehe Herr Horvath in Budapest eine späte Tischlerlehre absolvierte. Kurz danach flüchtete er, noch rechtzeitig bevor der Eiserne Vorhang hochgezogen wurde, Richtung Österreich. Dort kämpfte er zuerst um einen Platz in diesem Land, danach holte er die Matura nach und studierte Kunst in Wien. Mit den Worten »Ich bin zwar nicht berühmt und reich geworden, aber dafür sehr zufrieden«, schließt Herr Horvath seine Erzählung ab, nimmt den letzten Schluck Kaffee und richtet an mich die Frage: »Und Sie? Sind Sie zufrieden mit dem, was Sie tun?«

Zwischen Herrn Horvath und mir liegt eine vertrauensvolle Stimmung und ich habe deshalb kein Bedürfnis, mich zu verstecken, also sage ich: »Im Moment eher weniger. Ich habe das Gefühl, etwas Anderes tun zu müssen. Aber das ist leider nicht so einfach.«

Herr Horvath zieht die Augenbrauen hoch, schaut mich fragend an und in dem Moment höre ich mich sagen: »Naja, ich bin ja nur eine kleine Krankenschwester.«

Noch während ich diese Worte spreche, sehe ich den verhassten Pflegelehrer vor meinem inneren Auge, wie er predigend und einschüchternd vor uns Auszubildenden steht und hämisch lacht.

Entsprechend heftig schüttelt István Horvath den Kopf und ruft: »Was reden Sie denn da! Klein sind Sie nur, wenn Sie sich klein machen. Die Welt steht Ihnen offen, zu jeder Zeit.«

Zwei Monate nach der Begegnung mit Herrn Horvath habe ich gekündigt. Nach einer kurzen Orientierungsphase und Auszeit in der Mongolei, habe ich mich selbstständig als Seminarleiterin für Altenpflege gemacht. Gleichzeitig habe ich begonnen, Gerontologie zu studieren.

Die kleine Krankenschwester in mir hat danach immer wieder einmal, vor allem wenn die Selbstständigkeit nur holprig lief, aufgejault und versucht, mich zu verunsichern. Da ich jetzt aber weiß, wer sie ist, wer sie in mein Inneres gepflanzt hat und da ich ihre zerstörende Energie erkannt habe, kann ich die kleine Krankenschwester an ihren Platz verweisen und verscheuchen.

Einen weiteren, für mein Leben wichtigen Ratschlag gab mir eines Tages noch Nikolaus Maier mit in mein Leben, der Holzbildhauer mit dem schmucken Holzhäuschen, dem ich ein farbenfrohes Vogelhäuschen abgekauft hatte. Eines Tages lud er mich via Karte zu einer Kunstausstellung ein. Gezeigt wurden seine indianisch anmutenden Hausaltäre. Als wir ins Gespräch kamen und ich ihm zu der fantastischen Ausstellung gratulierte, meinte er: »Wichtig ist, dass man seine von Gott erhaltenen Talente nicht vergeudet, sondern lebt.«

Einen Tag nach der Vernissage erlag Nikolaus Maier in seiner Werkstatt einem Herzinfarkt. Seine Frau behauptet bis heute, er hätte ein Lächeln im Gesicht gehabt, als sie ihn tot am Boden liegend vorfand.

Mein Leitsatz fürs Leben lautet jetzt: »Tu, was du wirklich tun willst, dann wirst du gut und zufrieden sein.« Nicht immer kann ich diesen Satz voll und ganz leben, manchmal verlangt mir das Leben auch Kompromisse ab. Aber im Großen und Ganzen gelingt es mir, immer wieder nach innen zu blicken, mich zu fragen, was ich will, wohin meine Reise gehen soll und meine Ziele danach auszurichten. Ich habe gelernt, auf mich zu hören, auf meine Wünsche, meine Träume und Vorstellungen vom Leben. Nach und nach werden meine Wünsche und Träume auch Wirklichkeit. Sicher, nicht jedes Vorhaben gelingt immer, manchmal platzt ein Traum auch. Aber dann weiß ich, ich habe wenigstens versucht, ihn zu leben. Ich hoffe, irgendwann ebenso innerlich satt und zufrieden mein Leben zu verlassen, wie Nikolaus Maier. Dies ist mein Leben, vielleicht das einzige Leben, das mir zur Verfügung steht. Am Ende meines Lebens möchte ich zu mir sagen können, dass ich meine Talente alle genützt habe. Ich muss sie nicht zur Perfektion bringen, aber ich will sie ausprobieren, kennenlernen, ich will meinen Talenten Raum und Zeit in meinem Leben geben und mit ihnen spielen dürfen.

Einsicht 6

Das Ziel des Lebens,
ist das Leben selbst

Sie stellte sich mir als Tsetsegmaa vor, als ich sie in ihrer Jurte am Rande des mongolischen Altaigebirges, im Rahmen eines Auslandspraktikums, kennenlernte. Dreimal die Woche habe ich in den letzten zwei Monaten Tsetsegmaa, zusammen mit einem Dolmetscher, der gleichzeitig auch mein Fahrer ist, besucht und dabei nach ihrem Liegegeschwür am Gesäß gesehen, sie gewaschen und der pflegenden Tochter gezeigt, wie sie ihre Mutter in Zukunft richtig lagern muss, damit diese nicht auch noch an anderen Körperstellen wund liegt.

Tsetsegmaa ist 90 Jahre alt und hat damit, für eine mongolische Nomadin, ein stattliches Alter erreicht. Sie hat ihr ganzes Leben in den Weiten der mongolischen Landschaft verbracht und von dem Land unter ihren Füßen gelebt. Von November bis Ende März lebte sie mit ihrer Familie, mit den großen Hunden, ihren Schaf- und Ziegenherden und mit den Kamelen in der Winterbehausung, in einem windstillen Tal nahe am Altaigebirge. Die restlichen Monate im Jahr zog die Familie aber alle paar Wochen weiter, von Weidegrund zu Weidegrund, mit allen Tieren, den Jurten und dem gesamten Hausrat.

Die alte Nomadin Tsetsegmaa besitzt, trotz ihrer Bettlägerigkeit, wache Augen und lacht gerne. Sie hat keine Haare mehr auf dem Kopf, nur noch einen Zahn im Mund, ihre Haut ist wettergegerbt und ihr Körper von der harten Arbeit ausgemergelt, der Rücken stark gebeugt, die Arme und Hände von Arthrosen verformt.

Tsetsegmaa erlebte die Unabhängigkeit der Mongolei von China, kurz darauf das Ende der mongolischen Monarchie und die Geburt der Mongolischen Volksrepublik, den Einzug der Kommunisten, die antikommunistischen Aufstände und deren blutige Niederschlagung, die Ermordung Tausender Mönche, den Sieg der mongolisch-russischen Armee über die Japaner im zweiten Weltkrieg, die langen Jahre des Sozialismus und 1990 endlich die ersten freien Wahlen und den Sieg der Sozialdemokraten.

Die alte Nomadin hat dreizehn Kinder geboren, wovon nur neun Kinder auch das Erwachsenenalter erreichten. Als Analphabetin ist sie stolz darauf, dass ihre Kinder schreiben und lesen gelernt haben, und seit kurzem gibt es in der Nomadenfamilie sogar den ersten Akademiker, ein Urenkelsohn, er hat gerade erst in der Hauptstadt Ulaanbator sein Studium abgeschlossen.

Mein vielseitiger Begleiter und ich haben von Montag bis Samstag eine vorgegebene Tour zu absolvieren, wir fahren durch die Weiten der Mongolei von Familie zu Familie, von Jurte zu Jurte, und schauen nach den alten Sippenmitgliedern. Die Wege von einer Familie zur nächsten dauern meist mehrere Stunden. Wir übernachten in einem Bus, bei schönem Wetter in Zelten. Doch dazu kommt es selten, denn meistens lädt uns die letzte Familie der Tagestour ein, in ihrer Familienjurte zu übernachten und mit ihr zu essen.

Ich bin die erste Europäerin im Leben der Nomadin Tsetsegmaa. Deshalb war sie, trotz ihrer Altersschwäche, bei jedem Treffen begierig darauf, mehr von mir zu erfahren, über mich, über meine Art zu leben, über Europa. Auch ich genoss die Zeit mit ihr und die Gespräche mit der ganzen Sippe, vor allem aber die gemeinsamen Abende, das Essen, das Trinken, das Reden und zu später Stunde und den ausreichenden Genuss von gegorener Stutenmilch, das Singen der alten Nomadenlieder.

Heute ist mein Abschiedsbesuch und meine letzte Übernachtung bei Tsetsegmaa und ihrer Familie, in zwei Tagen kehre ich zurück nach Österreich. Wie die Tage vorher auch, wasche ich die alte Frau gemeinsam mit der pflegenden Tochter, versorge ihren Dekubitus, ziehe sie an und will sie liegend lagern, weil das Waschen sie meist sehr ermüdet. Doch heute besteht Tsetsegmaa auf eine sitzende Lagerungsposition und klopft danach mit der flachen Hand auf ihr Bett, was bedeutet, dass ich mich nun zu ihr setzen soll.

Fast den ganzen Abend hält sie schweigend meine Hand, ab und zu lächelt sie mich an. Ich habe das Gefühl, sie will mir eine Frage stellen, daher versuche ich sie mit Blicken dazu zu ermutigen. Zu schon fortgeschrittener Stunde wagt sie es endlich und richtet ihre Frage an meinen dolmetschenden Begleiter, ohne mich dabei jedoch aus den Augen zu lassen.»Tsetsegmaa will wissen, ob du in der Mongolei gefunden hast, was du gesucht hast«, übersetzt mein Dolmetscher und richtet nun ebenfalls seine Augen auf mich. Es ist plötzlich still in der Jurte.

Woher sie nur weiß, dass ich hier bin, weil ich auf der Suche bin, frage ich mich, lächle sie an und schüttle den Kopf, denn ich hatte meine Antworten noch nicht gefunden.

»Ich bin auf der Suche nach der Frage, was wirklich wichtig im Leben ist, wo meine Aufgaben liegen, einfach was das Ziel des Lebens ist«, teile ich ehrlich der auf meine Antwort wartenden Familie mit. Nach der Übersetzung geht ein Raunen und Reden durch die Jurte.

»Aber Sonja, das ist doch einfach. Das Ziel des Lebens ist das Leben selbst«, antwortet Tsetsegmaa herzlich lachend und erntet nickende Gesichter. »Wichtig im Leben ist es, eine Familie zu gründen, damit du nicht alleine bist. Wichtig ist, dass es dir, deinen Kindern und deinen Kindeskindern gut geht, dass alle gesund sind, dass die Herde wächst und alle genug zu essen haben. Dann war am Ende dein Leben ein gutes Leben.«

Nach diesem Satz wartet Tsetsegmaa kurz, bis mein Begleiter die Worte übersetzt hat, stimmt dann eines ihrer sehnsuchtsvollen Nomadenlieder an und drückt mit ihrer verformten knochigen Hand noch einmal fest meine Hand.

Die Frage nach dem Sinn des Lebens, nach der Bestimmung des Menschen, ist so alt wie die Menschheit selbst. Welchen Sinn hat unser Aufenthalt hier auf Erden? Haben wir eine Aufgabe zu erfüllen? Müssen wir einem höheren Zweck dienen oder ist unser eigentliches Ziel einfach nur die Erhaltung der Spezies Mensch?

Die Antworten der Philosophie auf diese Fragen sind vielfältig. Albert Camus nannte das Leben, in seinem Werk »Der Mythos von Sisyphus«, absurd und erklärte: Das Absurde entsteht aus dieser Gegenüberstellung des Menschen, der fragt, und der Welt, die vernunftswidrig schweigt. Friedrich Nietzsche meinte in der Schrift »Nachgelassene Fragmente«, der Zweck des Menschen wäre, aus seinem Leben und der Menschheit ein Kunstwerk zu formen, er müsse sich deshalb hohe und edle Ziele stecken und daran sogar zugrunde gehen. Laut Hannah Arendt ist der Mensch ein tätiges Individuum, er braucht eine Aufgabe und hat den Auftrag, in Verbindung mit anderen, die Welt zu gestalten. Sie beschreibt in ihrem Werk »*Vita activa*« drei Grundtätigkeiten des Menschen, das Arbeiten, das Herstellen und das Handeln. Arbeit ist für Arendt das überlebensnotwendige Tun zur Sicherung der Existenz, Herstellung ist das Schaffen von Dingen für den Gebrauch, das Handeln beschreibt sie als die Interaktion mit anderen Menschen, die Kommunikation und das gemeinsame Gestalten: Für Menschen heißt »Leben« so viel wie »unter Menschen weilen« und »Sterben« so viel wie »aufhören, unter Menschen zu weilen«.

Als ich der Mongolin Tsetsegmaa begegnet bin, war ich zuvor gerade aus meiner Führungsfunktion bei jenem großen ambulanten Pflegedienst ausgestiegen, den ich mitaufgebaut hatte. Wieder einmal war ich auf der Suche nach meinem Sinn, nach meiner Aufgabe im Leben.

Viele Jahre lang war ich als Pflegeleitung und Sozialmanagerin von Besprechung zu Besprechung gehetzt und als Referentin von Tagung zu Tagung. Ich war es gewohnt, Rang und Namen zu haben, mein Wort hatte Gewicht, meine Meinung war gefragt. Bei meinem Abschied meinten Kolleginnen, sie würden nicht verstehen, warum ich meine hohe Position einfach aufgeben würde und fragten mich, ob ich keine Angst vor einem Abstieg hätte.

Kann ich damit leben, plötzlich nicht mehr als Expertin gefragt zu sein? Halte ich es aus, an öffentlicher Wichtigkeit zu verlieren? Wohin geht meine berufliche Reise, die Karriereleiter weiter hoch oder steuere ich ganz andere Ziele an? Welche Spuren will ich einmal hinterlassen?

Bewusst bin ich mit meinen inneren Fragen in die Mongolei gefahren, ein mich seit Jahren faszinierendes Land, welches ich davor schon einmal besucht hatte. Die Weite der mongolischen Landschaft löst in mir, damals wie heute, Stille aus, die atemberaubende und fast unberührte Natur erdet mich und die Menschen dieses Landes machen mich demütig. In das Innere der Mongolei zu fahren, bedeutet für mich, weg zu sein von allen äußerlichen Ablenkungen und bei mir selbst anzukommen.

Beim ersten Besuch der Mongolei, zwei Jahre davor, hatte ich einen alten Schamanen kennengelernt, der mir viel von seinem Volk und dessen Sichtweisen auf das Leben erzählt hat. Er rang mir damals das Versprechen ab, eines Tages wiederzukommen, mein Wissen über Altenpflege an seine Leute weiterzugeben und im Gegenzug Einblick in die Welt der Nomaden zu erhalten. Auf diese Weise lernte ich zwei Jahre später Tsetsegmaa und ihre Familie kennen.

Von Camus, Nietzsche und Arendt hat die alte Nomadin sicher nie etwas gehört, die Frage nach dem Sinn des Lebens konnte sie trotzdem beantworten, entwaffnend schnell und selbstverständlich. Ihre Sicht auf das Leben mag für unsere Ohren banal klingen, auf den ersten Blick entsteht der Eindruck, Tsetsegmaa hätte kaum Erwartungen an das Leben gehabt, sie wäre einzig und allein der Tradition gefolgt und hätte die ihr zuerkannten Rollen und Aufgaben gelebt. Natürlich hat diese Annahme auch seine Richtigkeit, Tsetsegmaa stand sicherlich nie vor der Entscheidung, ihr Leben grundlegend anders gestalten zu können. Ihre Aussage »Das Ziel des Lebens ist das Leben selbst« tat bei mir aber gerade wegen seiner Einfachheit ihre Wirkung und wenn ich ihre Worte rund um die Wichtigkeit von Familie, letztlich von gemeinschaftlichem Gestalten des Lebens, vor meinem inneren Ohr vorbeiziehen lasse, dann stelle ich schmunzelnd fest, die Sichtweise der Analphabetin Tsetsegmaa auf das Leben ist nah an den Ausführungen der Philosophin Hannah Arendt, auch wenn diese mit Handeln vor allem das gemeinsame politische Handeln gemeint hat.

Ihren Satz »Das Ziel des Lebens ist das Leben selbst«, verstand ich als Auftrag, das Leben wahrzunehmen, in mir und rund um mich, den Moment zu sehen und zu schätzen und Wichtiges von Unwichtigem zu trennen. Ich erkannte für mich, dass es nicht darum geht, jemand zu werden, sondern darum, einfach zu sein. Als ich am nächsten Tag zum Abschied einen Berg bestieg, nicht ahnend, dass es sich dabei um einen Begräbnisberg handelt, an dessen sonnenzugewandter Seite die Nomaden ihre Toten begraben, stolperte ich auch noch über einen menschlichen Schädelknochen. Er war von der Sonne weiß gebleicht und brüchig, und er war zur Seite gekippt, was in mir das Bedürfnis auslöste, den Schädelknochen wieder aufzurichten. Als ich ihn anfasste, zerfiel der Kopf zu Staub und mein Herz machte einen holprigen Sprung.

Halte ich es aus, in Zukunft an öffentlicher Wichtigkeit zu verlieren, weniger oder gar nicht mehr gefragt zu sein? Welche Spuren werde ich eines Tages hinterlassen? Das waren meine inneren Fragen, mit denen ich in die Mongolei gekommen war. Die Botschaft von Tsetsegmaa und der zu Staub fallende Schädelknochen am Begräbnisberg, haben meine Fragen beantwortet. Irgendwann, in gar nicht so weiter Ferne, wird auch mein Schädel zu Asche zerfallen. Ich als einzelner Mensch wichtige Spuren hinterlassen? Lachhaft. Ich bin ein Staubkorn im Angesicht der Erdgeschichte, so meine Erkenntnis.

Meine Kommunikationsstärke einbringen, meine Neugierde auf Menschen anderen vermitteln und damit, wie Hannah Arendt es nannte, zu handeln, das könnte meine bescheidene Aufgabe im Leben sein. Dazu meine Familie gründen, wobei mein Familienbegriff sich als kinderlose Frau von jenem der alten Nomadin deutlich unterscheidet. Familie verstehe ich als mein engeres Umfeld, das Gebären von Kindern ist hier nur eine Variante, Familie ist für mich das Synonym für Gemeinschaft, für ein Zueinanderstehen, für wechselseitige Unterstützung und Förderung im Leben.

»Das Ziel des Lebens ist das Leben selbst«, so meine Erkenntnis in den Weiten der Steppe, bedeutet für mich auch, ab nun im Jetzt zu leben, mir nicht mehr den Kopf darüber zu zerbrechen, was in fünf oder zehn Jahren sein wird, und die mir wichtigen Dinge nicht mehr auf einen späteren Zeitpunkt aufzuschieben. Wie wichtig es ist, den Augenblick im Leben zu nützen, sein kleines Leben einfach zu nehmen und zu leben, erfuhr ich noch einmal durch eine andere Person, kurz nachdem ich aus der Mongolei zurück war.

Wir waren nie befreundet und waren uns trotzdem nah. Irina, die zerbrechlich wirkende Besitzerin des kleinen Kopierladens bei mir um die Ecke und ich, Stammkundin der ersten Stunde. Ich mochte ihren Perfektionismus bei der Arbeit, ihre hohe Servicequalität und dass sie trotz regem Betrieb im Laden immer Lust auf das Gespräch von Frau zu Frau hatte. Ich bewunderte ihren enormen Arbeitseinsatz. Von meinem Schlafzimmerfenster aus sah ich direkt in ihr Geschäft, oft brannte noch um zwei Uhr nachts das Licht, dann bearbeitete sie Großaufträge für Schulen und Architekturbüros. Wann immer ich sie auf ihre vielen Arbeitsstunden hinwies, lächelte sie und erklärte mir, dass es nicht mehr lange dauern würde. Zehn Jahre noch, dann würde sie in Pension gehen und ihr Leben genießen.

Von Beginn an machte ich mir auch Sorgen um Irina. Sie war so dünn, zart wie eine Elfe, ihre Haut durchscheinend blass, ihr Haar lang, blond und stumpf, die Augen groß und irgendwie immer fragend. Sie wirkte auf mich sehr verletzlich. Bei unserer letzten Begegnung vor meiner Abreise in die Mongolei hatte ich den Eindruck, als wäre sie noch dünner geworden, noch zerbrechlicher. Kurz war da der Gedanke, sie könnte krank sein, aber ich scheuchte den schwarzen Vogel sofort wieder weg.

Einen Tag nach meiner Rückkehr laufe ich die Stufen hinunter, mein Ziel ist der Kopierladen, ich möchte etwas vervielfältigen lassen und außerdem kurz zu Irina Hallo sagen, erzählen, wie es mir auf meiner Reise ergangen ist.

Es ist zehn Uhr Vormittag und ich stehe vor geschlossener Tür. Kein Aushang, kein Schild »Komme gleich«, die Jalousien heruntergezogen. Sofort befällt mich eine Ahnung, trotzdem setze ich mich auf den kleinen Vorsprung am Auslagenfenster und warte.

Er kommt schleppenden Schrittes um die Ecke und obwohl ich ihn nur einmal gesehen habe, erkenne ich ihn sofort, den Ehemann von Irina. Als er den Laden erreicht, schaut er mit verweinten Augen und leerem Blick in mein fragendes Gesicht und murmelt: »Meine Frau ist gestern verstorben. Sie müssen sich ein anderes Kopiergeschäft suchen.«

Das Leben findet jetzt in diesem Augenblick statt oder gar nicht. Kein Mensch kann sein Leben auf Vorrat leben, indem er von Ereignis zu Ereignis hetzt, von Party zu Party. Es ist unmöglich, nicht gelebtes Leben nachzuholen, was nicht genutzt wurde, ist unwiderruflich vorbei und das Leben kann auch nicht auf später verschoben werden, es kann jeden Augenblick enden. Morgen schon. Ja sogar noch heute.

Als Krankenschwester habe ich viele Menschen sterben gesehen oder auch beim Sterben begleitet. Kinder, Erwachsene, alte Menschen. Ich werde nie in meinem Leben das stille, dem Sterben zustimmende Nicken der 12-jährigen Annabella vergessen, kurz bevor der Gehirntumor ihr das Atemzentrum lähmte. Sie war bereit, trotz ihres jungen Alters, zu gehen. Ich denke an die verzweifelten Fragen einer schwer krebskranken Frau Mitte Dreißig, die ihr gesamtes Leben asketisch verbrachte und sich jede Ernährungssünde strikt versagte, weil Gesundheit den höchsten Wert in ihrem Leben hatte. »Warum ich? Ich habe doch alles dafür getan, gesund zu bleiben?«, hat sie mich wieder und wieder gefragt, um am

Ende kurz vor ihrem frühen Tod die Frage »Warum nur habe ich mein Leben nicht einfach genossen?« an sich selbst zu richten. Ich habe alte Menschen erlebt, die sehnsüchtig auf den Tod gewartet haben, die meinten, es wäre alles gesagt, alles getan, alles gelebt, sie wären bereit für den Weg hinüber und ich habe alte Menschen sterben gesehen, die erst am Ende des Lebens erkannten, dass sie ihr Leben nicht gelebt haben und daran verzweifelten.

»Das Ziel des Lebens ist das Leben selbst« bedeutet für mich heute und jetzt mein Leben zu schätzen, dankbar dafür zu sein, dass ich auf diesem Planeten sein darf, in dieser Zeit und in diesem reichen Land. Ich bin von einem grantigen Morgenmuffel zu einer Frau mutiert, die morgens aus dem Bett springt und den Tag mit innerer Freude beginnt. Von einem wahren Konsummonster habe ich mich in einen Menschen verwandelt, der sich vor jedem Kauf fragt, ob er das neue Kleidungsstück wirklich braucht, den neuen Fernseher, das neue Möbelstück und siehe da, die meisten Kaufwünsche lösen sich in Rauch auf. Ich lächle fremde Menschen, die ein miesmutiges Gesicht vor sich her tragen, in der Straßenbahn an und gehe auf positive Menschen spontan zu, um ihnen zu sagen, wie wunderbar ich sie gerade finde. Die Versöhnung mit meiner Mutter, mit der ich bis dahin eine sehr konfliktreiche Beziehung pflegte, ist das Ergebnis meiner Wandlung und meine neue Beziehung, mit einem lebensfrohen und positiven Mann, wäre vor meiner Wandlung nicht möglich gewesen, weil ich dachte, Liebe müsste immer weh tun, schmerzhaft und intensiv sein. Dabei ist wahre Liebe leicht, ausgelassen und stärkend. Ich habe mich dazu entschieden, das kleine Glück im Moment wahrzunehmen, das Erblühen einer Blume zu sehen, die Spannungsentladung eines Sommergewitters und die Zartheit einer Schneeflocke.

Beruflich habe ich mich nach der Mongolei und der Begegnung mit Tsetsegmaa dafür entschieden, mein Leben nicht mehr länger in Freizeit und Arbeit zu unterteilen. Mir war klar geworden, beides, Arbeit und Freizeit, sind mein Leben, sie lassen sich nicht trennen und in starre Zeitstrukturen drängen. Um Arbeit und Freizeit nach meinen Vorstellungen vereinen zu können, habe ich mich selbstständig gemacht. Ich habe die Freiheit gewählt und nehme das, diese Freiheit begleitende Risiko, in Kauf. Kein System mehr, dem ich gehorchen muss, keine Strukturen mehr, die mich zu verbiegen versuchen. Allerdings auch keine sicheren vierzehn Gehälter mehr jährlich und keine finanzielle Versorgung im Krankheitsfall. Ich habe beschlossen, darauf zu vertrauen, dass mein Schicksal es gut mit mir meint und ich immer genug zum Leben haben werde. Damit habe ich mich von einer Frau, der Sicherheit immer sehr wichtig war, zu einer Frau mit Urvertrauen ins Leben entwickelt. Bis zum heutigen Tag ohne große Turbulenzen. Mit dem Satz »Das Ziel des Lebens ist das Leben selbst« im Gepäck, bin ich aber auch davon überzeugt, dass ich etwaige zukünftige Turbulenzen ebenfalls meistern werde.

Die Mongolei habe ich nie wieder besucht. Der Fortschritt hat auch dieses wunderbare Land und seine Menschen stark verändert und ich fürchte, meine Mongolei, das Land, welches ich in meinem Herzen trage, gibt es nicht mehr. Ich habe mir stattdessen, im übertragenen Sinn, ein Stück Mongolei geschaffen und mir ein Haus gekauft, einen zweiten Lebensmittelpunkt, in Ungarn, nah am Neusiedlersee. Das flache Land dort, die Lacken, die tausenden Vögel, die ungezähmte Natur des Nationalparks erinnern mich an die Weite der Mongolei und an Tsetsegmaa, deren Körper lange schon an jenem Begräbnisberg liegt, den ich damals vor vielen Jahren bestiegen habe und der meinen Blick auf das Leben nachhaltig verändert hat.

Einsicht 7

Man erntet, was man gesät hat

Es ist Spätsommer, als ich am Bauernhof der Familie Meininger vorfahre. Vor der Scheune stapeln sich Kürbisse in allen Gelb- und Rottönen, eine Katze räkelt sich auf der Hausbank und aus dem Stall kommend, saust ein struppiger Hund auf mich zu und beschnüffelt mich misstrauisch.

»Sie kommen mich also kontrollieren?«, höre ich eine Stimme hinter mir sagen. Als ich mich umdrehe, sehe ich eine drahtige Frau mit verbrauchtem Gesicht, die mir die rechte Hand entgegenstreckt und meint: »Ich bin Anna, die Tochter. Ich bin hier die Arbeitssklavin.«

Sie bringt mich in die Stube, einen niedrigen Raum, der Küche und Wohnraum zugleich ist, fragt mich, ob ich einen Kaffee haben möchte und fordert mich auf, Platz am großen Esstisch zu nehmen. Danach schreit sie herrisch: »Schau, dass du endlich runter kommst, Vater. Es ist Besuch für dich da.«

Meine Aufgabe bei Familie Meininger ist tatsächlich eine Art Kontrolle. Ich soll im Rahmen des Hausbesuches nachsehen, ob Herr Meininger, der Pflegegeld bezieht, auch tatsächlich die notwendige Pflege erhält und gut versorgt ist. Dazu muss ich elektronisch einen umfangreichen Situationsbericht ausfüllen, der Fragen zur Lebenssituation und Pflege von Herrn Meininger beinhaltet, etwa ob er sich selbst mit Essen und Trinken versorgen kann, ob er sich selbst waschen kann, auf die Toilette gehen und anziehen. Bei festgestellten Mängeln habe ich den Auftrag, die pflegenden Angehörigen, in diesem Fall die Tochter Anna Meininger, zu beraten.

Im Gespräch wird rasch ersichtlich, dass Herr Meininger eigentlich weitgehend selbstständig ist und nur geringe Unterstützung benötigt. Er scheint auch insgesamt gut versorgt, ich kann keine Pflegemängel erkennen. Daher könnte ich den Hausbesuch eigentlich rasch abschließen, wäre da nicht meine warnende, innere Stimme.

Ich habe den Eindruck, dass zwischen Tochter und Vater etwas nicht stimmt, die Situation zwischen den beiden ist angespannt, der Umgangston ist rau. So fährt der Vater die Tochter während des Gesprächs etwa mehrmals zornig an, die Tochter wiederum klopft dem Vater einmal auf die Finger, als er mir etwas reichen will. Meine innere Stimme rät mir, mehr Zeit zu gewinnen.

Also ziehe ich den Hausbesuch künstlich in die Länge, denn ich will Tochter und Vater länger beobachten können. Ich stelle dazu Fragen nach den Medikamenten, obwohl dies gar nicht meine Aufgabe wäre, lasse Herrn Meininger einmal die Stufen zu seinem Schlafzimmer hochsteigen, obwohl vorher schon klar ist, dass er keinerlei Mobilitätsprobleme hat. Zuletzt bitte ich ihn in der Stube darum, mir zu zeigen, wie er sich ein Glas Wasser holt. Plötzlich eskaliert die Situation.

Herr Meininger stößt, während er am Waschbecken hantiert, aus Versehen einen Teller von der Arbeitsfläche. Die Tochter springt auf, schreit ihn an: »Wie blöd bist du denn? Nicht einmal ein Glas Wasser kannst dir selber holen, du alter Depp!« Im Nu ist aus dem kleinen Versehen eine Prügelei zwischen

Vater und Tochter geworden. Ich höre den alten Mann schreien: »Du bist genauso ein Trampel wie dein Krüppel von Mutter es war«, ich sehe, wie er nach den Haaren der Tochter fasst. Anna Meininger wimmert, schlägt um sich, der Altbauer Josef Meininger ist in Rage: »Du beschissene Hure, ich werde dir zeigen, wie man seinen alten Vater behandelt.«

Eine Sekunde bin ich wie gelähmt. In meinem Kopf rattern die Gedanken, die nach Lösungen suchen. Wie diese Situation beruhigen? Ich nehme mein Handy, halte es hoch und brülle: »Sofort aufhören oder ich rufe die Polizei!« Auf der Stelle löst Herr Meininger die Hand von seiner Tochter, ruft noch ein »Blöder Trampel, blöder« und stapft wütend davon. Ich bitte die Tochter nach draußen auf die Hausbank, ein Gespräch ist unumgänglich. Dort angekommen, beginnt sie sofort zu weinen und erzählt mir ihre Geschichte.

25 Jahre lang hat Anna Meininger ihre an Multipler Sklerose leidende Mutter gepflegt und darüber hinweg auf ein eigenes Leben verzichtet. Die Pflege musste sie ab ihrem zwölften Lebensjahr übernehmen, weil der Vater sich weigerte, für die schwerkranke Gattin »die Krankenschwester zu spielen«. Er wolle keinen »Krüppel« zur Frau. Immer wieder war Anna Meininger auch damit konfrontiert, dass ihr Vater die hilflose Mutter schlug, seine Wut an ihr abreagierte und ihr vorwarf, sie wäre »als Frau nichts mehr wert«. Mehrmals wollte Anna Meininger die Polizei rufen, aber die Mutter hielt sie immer zurück.

Vor einem Jahr war die Mutter verstorben. Kurz danach stürzte der Vater. Obwohl er vom Sturz keinerlei Verletzungen davon getragen hatte, forderte er ab diesem Zeitpunkt Betreuung durch die Tochter ein. Anna Meininger fügte sich und gibt seitdem ihr Bestes, wie es sich eben für eine gute Tochter gehört. Sie hilft ihm beim Duschen, beim Anziehen, sie kocht für ihn, trägt ihm das Essen ins Zimmer, wäscht seine Wäsche und kauft für ihn ein. Auch nachts ruft Herr Meininger mehrmals nach seiner Tochter, will ein Glas frisches Wasser, will das Fenster geöffnet bekommen oder auf die Toilette begleitet werden. Anna Meininger bekommt dafür kein einziges Dankeschön. Ganz im Gegenteil. Statt eines Dankes wirft der Vater ihr vor, sich nicht genug zu bemühen und, wie die Mutter auch schon, nichts wert zu sein. Er schreit sie an, beschimpft und schlägt sie. Heute Morgen, so gesteht Anna Meininger, hat sie das erste Mal zurückgeschlagen und ihm eine Ohrfeige verpasst. Nachdem sie ihm das Frühstück aufs Zimmer gebracht hatte, hat er sie angeschrien und ihr den Kaffee ins Gesicht gespuckt. Da war ihr die Hand ausgekommen, es war ein Reflex. »Ich kann ihn nicht mehr sehen. Wenn Sie wüssten, wie sehr ich diesen Menschen hasse«, flüstert Anna Meininger am Ende des Berichtes und beginnt wieder zu weinen.

Im nachfolgenden Beratungsgespräch wird klar, dass Anna Meininger keinen Tag länger mehr die Betreuung ihres Vaters übernehmen kann. Die Eskalation der Situation vorhin, hatte ihr klar gemacht, dass sie keine Kraft mehr hat. Sie kommt zu der Erkenntnis: »Es wird Zeit mein eigenes Leben zu leben.«

Während ich im örtlichen Seniorenheim anrufe, die Situation schildere und erfahre, dass dort sofort ein Wohnplatz für Herrn Meininger zu haben wäre, holt Anna Meininger bei ihrem Anwalt rechtliche Informationen ein, und siehe da, die Mutter hatte gut für die Tochter gesorgt. Im Telefonat mit dem Anwalt stellt sich heraus, dass der Bauernhof Anna Meininger gehört. Es handelt sich um einen Erbhof, den ihre Mutter, aufgrund fehlender männlicher Erben, von ihren Eltern erhalten hatte. Als Dank für die jahrelange Pflege hatte nun die kranke Mutter, bereits lange vor ihrem Tod, den Bauernhof zur Gänze der Tochter überschrieben. Ganz ohne Auflagen. Josef Meininger hatte offiziell nicht einmal ein Wohnrecht am Hof.

Als alles geklärt ist, biete ich Anna Meininger an, sie beim anstehenden Gespräch mit dem Vater zu unterstützen. Als wir die Stufen zum Zimmer von Josef Meininger hinaufsteigen, zittern ihr so sehr die Knie, dass sie kaum hochkommt und sich am Treppengeländer festhalten muss. Bevor wir das Zimmer des Vaters betreten, atmet sie tief durch und drückt dann, ohne anzuklopfen, die Türschnalle hinunter.

Mit fester Stimme und vor der Brust verschränkten Armen, informiert Anna Meininger nun ihren Vater über seine neue Lebenssituation. Als ich ihm anschließend sage, dass im Seniorenheim ein Platz frei ist, spuckt er uns vor die Füße und poltert in Richtung Tochter: »War ja klar, den alten Vater ins Heim abschieben, das kann sie, die Schlampe.«

Die Meinung, alte Menschen würden von ihren Angehörigen ins Pflegeheim abgeschoben, hält sich hartnäckig in unseren Köpfen, vor allem das Bild der bösen Kinder, die sich nicht um ihre alten Eltern kümmern wollen und sie gegen ihren Willen ins Heim verfrachten. Ich bin mit dieser Annahme konfrontiert, wann immer ich erzähle, dass ich beruflich mit Altenpflege zu tun habe. Die Frau im Supermarkt trägt diese Meinung in sich, der Journalist einer Lokalzeitung redet davon, der junge angehende Krankenpfleger aus Bosnien beklagt sich darüber und erklärt, dass in seinem Land der Umgang mit der älteren Generation viel besser wäre, dort würden die alten Menschen noch in der Familie leben dürfen. Sogar so manche Altenpflegerin beschwert sich darüber, dass Familien angeblich Bewohner ins Heim abschieben.

Nach meiner langjährigen Erfahrung bin ich davon überzeugt, dass diese Annahme ein Vorurteil ist. Vielleicht gibt es ab und zu herzlose Angehörige, das will ich gar nicht in Abrede stellen, aber sie bleiben Einzelfälle. In Wirklichkeit erbringen die Familien betreffend Altenpflege enorme Leistungen, denn es sind vor allem Angehörige, hier vor allem Frauen, die sich um die alte Generation kümmern. In Österreich wie auch in Deutschland ist die Familie der größte Pflegedienst des Landes.

Im Jahr 2014 gab es in Österreich rund 450.000 pflegebedürftige Menschen, von denen nur rund 90.000 Menschen in Pflegeheimen lebten. 80% der Pflegebedürftigen jedoch, das sind rund 360.000 Menschen, wurden zu Hause von der Familie betreut. Nur ein Drittel der pflegenden Familien holt sich dafür Hilfestellung von außerhalb, etwa durch die Hauskrankenpflege, der größte Teil pflegt alleine. Es pflegen Ehefrauen ihre Männer nach einem Schlaganfall, Töchter ihre demente Mutter und Schwiegertöchter den krebskranken Schwiegervater. Seltener, aber doch, pflegen Ehemänner ihre an Demenz erkrankte Frau oder Söhne den altersschwachen Vater. Ein Familienmitglied zu pflegen ist meist körperliche, aber vor allem emotionale Schwerarbeit, denn der Einsatz für die Pflege reicht von ein paar Stunden wöchentlich bis rund um die Uhr. Viele Frauen hören zu arbeiten auf, weil sie pflegen müssen, sie verzichten damit auf ein eigenes Einkommen und erhalten später, sozusagen als gesellschaftlichen Dank, eine niedrigere Pension, weil Ihnen die Beitragsjahre fehlen. Tausende pflegende Angehörige gehen täglich an ihren Grenzen spazieren, fühlen sich belastet, oft überfordert und alleine gelassen. Trotzdem machen sie weiter. Tag für Tag. Jahr um Jahr. Warum?

Manchmal pflegen Angehörige, weil dies von ihnen erwartet wird, weil sonst die Nachbarn schlecht reden oder weil Druck auf sie ausgeübt wird. Meistens aber pflegen Familien aus Liebe, aus Verbundenheit, aus Verantwortungsgefühl und als Dank. Betreuende Angehörige wollen ein Stück der Liebe zurückgeben, die sie als Kinder oder Ehefrau erhalten haben. Sie wollen die letzten Jahre oder Monate der pflegebedürftigen Person nah sein, mit ihr Zeit verbringen, auch wenn diese Zeit an den Nerven zerrt. Sie wollen da sein, auch in der schweren Zeit, wollen Sicherheit geben, Geborgenheit und Nähe.

Wenn die Pflege zu Hause nicht möglich ist oder nicht mehr möglich ist, etwa weil die körperliche Belastung zu hoch wurde, dann gehen Familien meist durch heftige Krisen. Der Weg zu einer Entscheidung für eine Heimaufnahme des alten Menschen ist lang und schmerzhaft. Es gibt kaum Familien, denen dieser Schritt leicht fällt und die nicht das Gefühl haben, versagt zu haben. Selbst nach der Heimaufnahme kümmern sich viele Familien intensiv um ihren alten Angehörigen, übernehmen auch dort noch Pflege, gehen mit dem Pflegebedürftigen spazieren, holen ihn übers Wochenende nach Hause.

Natürlich gibt es auch alte Menschen im Pflegeheim, die irgendwann abgegeben wurden und von der Familie nie wieder besucht werden. Viele dieser Heimbewohner klagen über die böswillige Abschiebung, beschweren sich über ihre herzlose Verwandtschaft und würde man nur ihren Schilderungen Glauben schenken, dann könnte man glatt denken, es gibt sie wirklich, die undankbaren bösen Kinder. Vielleicht haben deshalb auch manchmal sogar Pflegekräfte das Vorurteil des Abschiebens ins Heim im Kopf, sie hören in diesen Fällen vielfach nur die Geschichten der scheinbar abgeschobenen Bewohnerinnen. Ich aber glaube nicht an das Märchen der bösen Kinder. Ich habe gelernt, sicher auch aufgrund meiner langjährigen Erfahrung in der Hauskrankenpflege, wo ich Einblick in viele Familien und ihre Dynamiken erhalten habe, mir die Frage nach dem Davor zu stellen. Was war vor der vermeintlichen Abschiebung ins Heim? War da Liebe? War da Nähe? War da eine liebevolle Beziehung? Wie hat sich der heute alte Mensch in früheren Jahren verhalten?

Josef Meininger, der Altbauer, der seine an Multiple Sklerose erkrankte Frau im Stich gelassen hat, sie jahrelang beschimpft und geschlagen hat und der nach dem Tod der kranken Frau, die nun ihn betreuende Tochter drangsaliert hat, war bis zu seinem Tod über die undankbare Tochter erbost und hat keine Möglichkeit im Seniorenheim ausgelassen, über sie zu schimpfen. Anna Meininger, die Tochter, hat sich jedoch auch nach der Heimaufnahme, in dem ihr möglichen Ausmaß, gekümmert und mit dem Pflegepersonal kooperiert. Sobald eine Anschaffung für den Vater notwendig war, hat sie alles korrekt veranlasst oder organisiert. Nur eines hat sie nie getan, ihn besuchen. Auch nicht als dieser im Sterben lag. Josef Meininger starb fast alleine, eine Altenpflegerin saß bei ihm, als er diese Welt verließ. Verhielt sich Anna Meininger deshalb wirklich herzlos? War sie undankbar?

Ich bin davon überzeugt, dass wir am Ende unseres Lebens ernten, was wir gesät haben. Wer während des gesamten Lebens andere vor den Kopf stößt, andere abwertet, andere dominiert oder demütigt, der kann nicht erwarten, dass ihm im Alter Liebe entgegengebracht wird oder Achtung. Wer dagegen im Leben Wertschätzung lebt und Liebe gibt, bekommt Liebe und Wertschätzung auch zurück.

Es heißt, im Alter hat jeder das Gesicht, das er verdient, wir ernten also am Ende des Lebens auch ein Gesicht. Tatsächlich erzählt, aus meiner Sicht, das Gesicht alter Menschen nicht nur von deren Leben und Schicksalsschlägen, sondern auch von ihren Charakterzügen, Werten und Haltungen. In den Gesichtern alter Menschen kann man deshalb Güte sehen, Gram oder auch Bösartigkeit, man kann lebenslange Melancholie ebenso lesen, wie auch Lebensfreude.

Unsere Eigenschaften prägen sich im Alter weiter aus, die guten wie die schlechten. Missmutige Menschen werden im Alter noch missmutiger und Nörgler nörgeln noch mehr. Menschen, die während ihres Lebens andere abwerten, die andere beschimpfen oder die bei jedem Problem die Ursache anderen in die Schuhe schieben, tun dies auch im Alter. Ihre Gesichter sind griesgrämig, verhärmt und nur selten habe ich hier im Lebensrückblick Einsicht erlebt.

Umgekehrt verhält es sich ebenso. Menschen, die offen waren, hilfsbereit, die sich um andere Menschen bemüht haben, tragen dieses gelebte Leben auch in ihrem Gesicht. Außerdem zeigen sie ihre positiven Eigenschaften oft auch noch bei Pflegebedürftigkeit.

Sie heißt Katharina Facht, ist dement und ihr Lieblingsspielzeug sind Geschirrtücher. Heute feiert sie ihren 95. Geburtstag. Wir erwarten deswegen einen Besucheransturm.

Seit etwa fünf Jahren ist die kinderlose Frau, die nie geheiratet und nie eine eigene Familie gegründet hatte, bei uns im Seniorenheim. Sie war durch die Straßen ihrer Stadt gezogen, hatte nicht mehr nach Hause gefunden und wurde deshalb, in einer heißen Augustnacht, dehydriert und verwirrt von der Polizei auf einer Parkbank gefunden. Die Rettung brachte sie ins Krankenhaus, zwei Tage später zog sie bei uns im Seniorenheim ein. Da uns gesagt wurde, sie wäre kinderlos und ohne Angehörige, gingen wir davon aus, dass Frau Facht vorher alleine und vereinsamt in ihrem Häuschen gelebt hatte.

Diesem Bild der einsamen alten Frau widersprach allerdings ihr sonniges Gemüt. Katharina Facht war stets freundlich und zuvorkommend, sie lachte viel, zwinkerte uns zu und bot uns immer wieder ihre Hilfe an. »Ich kann doch hier nicht nur rumsitzen und euch zusehen, wie ihr arbeitet«, meinte sie und fügte ein »In meinem Kopf geht's zwar zu wie in einem Hummelschwarm, aber ihr habt sicher Arbeit für mich.«

Also gaben wir ihr Geschirrtücher zum Falten und weil sie dabei das Tempo einer Akkordarbeiterin an den Tag legte und nach mehr Arbeit verlangte, faltete Frau Facht bald jeden Tag alle Geschirrtücher des großen Heimes. Dazu räumte sie in unserem Stockwerk die Inkontinenzunterlagen in den Kasten, füllte den Zellstoff nach und teilte an alle Bewohnerinnen der Station die frischen Handtücher aus, sobald diese von der Wäscherei geliefert wurden.

Eine Woche nach ihrer Aufnahme im Heim erschien eine junge Frau mit zwei kleinen Kindern im Schlepptau und erklärte, sie wäre gerade aus dem Urlaub zurückgekehrt und hätte erfahren, dass ihre Nachbarin Katharina Facht bei uns im Heim wäre. Ich führte die junge Frau zu unserer neuen Bewohnerin und wurde Zeugin eines Freudenfestes. Die beiden Kinder schmiegten sich an die Beine der alten Frau und riefen »Kathi, Kathi, wir müssen dir vom Urlaub erzählen.« Die alte Frau küsste die Kinder, streichelte ihre Köpfe, drückte die junge Frau an sich und beruhigte diese: »Keine Sorge, Anna, es geht mir gut hier drin und ich habe viel zu tun.«

Ab diesem Tag gaben sich die Besucher unserer neuen Bewohnerin die Klinke in die Hand und wir erfuhren Tag für Tag mehr über die alte Dame.

Katharina Facht war zwar kinderlos geblieben und immer alleinstehend, aber sie war nie ohne Kinder und nicht allein im Leben. Frau Facht war von Beruf Hauswirtschafterin gewesen und Kindermädchen. Sie hatte Dutzende Kinder groß gezogen und zu fast allen Schützlingen, auch nach dem Ende der beruflichen Beziehung, Kontakt gehalten. Manche dieser Kinder hatten das ehemalige Kindermädchen sogar später, als sie selbst Eltern wurden, für ihre eigenen Kinder ins Haus geholt. Auch nach ihrer Pensionierung blieb Katharina Facht im Einsatz. Sie unterstützte alleinerziehende Mütter ihrer Nachbarschaft, indem sie stundenweise nach deren Kindern sah, ja sie zweigte sogar immer wieder ein paar Geldscheine von ihrer kargen Pension ab und gab sie mancher Mutter in Not.

Frau Facht ist mittlerweile fünf Jahre bei uns im Seniorenheim. Ihre Demenz ist weiter fortgeschritten. Mittlerweile kann sie nicht mehr alleine essen oder trinken und sich auch nicht mehr alleine waschen. Außerdem ist sie dabei, das Gehen zu verlernen, ihre Schritte sind unsicher und schleppend, sodass hohe Sturzgefahr besteht. Seit einiger Zeit erkennt sie ihre täglichen Besucher nicht mehr. Trotzdem strahlt sie weiterhin jeden sie besuchenden Menschen an und lächelt. Immer noch faltet sie gerne Geschirrtücher. Am liebsten sitzt sie, ihrer Lieblingsbeschäftigung nachgehend, gegenüber unserer Dienstzimmertüre. Wir kommen damit in den Genuss, mehrmals täglich von einer freundlichen alten Dame winkend begrüßt zu werden.

Es ist 14 Uhr und der Veranstaltungsraum des Seniorenheimes ist gerammelt voll. Kinder, Jugendliche, Erwachsene jeden Alters und auch viele Heimbewohnerinnen haben sich versammelt, um den 95. Geburtstag von Katharina Facht zu feiern. Als die Jubilarin mit dem Rollstuhl in den Raum gefahren wird, fangen die Menschen zu applaudieren und zu jubeln an. Das Geburtstagskind lacht, winkt und klatscht ebenfalls. Die Menschen essen zusammen, trinken, eine Gruppe Jugendlicher macht Musik, andere führen Sketche aus dem Leben von Frau Facht vor, wieder andere halten Reden.

Gegen Ende der Feierlichkeit schildert eine junge Frau, wie sie in einer für sie schwierigen Situation Katharina Facht kennengelernt hat, sie berichtet von ihrer Großzügigkeit und von der Freundschaft, die sie seitdem verbindet. Ihre Rede endet mit dem Satz: »Katharina blieb im Leben kinderlos, aber sie war nie einsam. Einsam ist, wer sich nicht um andere Menschen bemüht. Einsam ist, wer keine Freunde hat.« Dem Satz folgte langanhaltender Applaus und alle Besucher erhoben sich von ihren Sitzen.

Wir ernten, was wir im Leben säen. Wer Liebe sät, erntet Liebe. Wer Hass sät, erntet Hass. Wer im Leben großzügig zu anderen ist, bekommt im Alter Großzügigkeit zurück. Katharina Facht starb etwa ein Jahr später. In ihrer letzten Stunde war sie umringt von vielen Menschen, die sich an den Händen hielten und sich persönlich, einer nach dem anderen, bei der Sterbenden bedankten, für alles, was sie gegeben hatte. Frau Facht entschlief mit einem friedlichen Gesicht um ein Uhr nachts. Die sie begleiteten Menschen saßen bis zum Morgen bei ihr, erzählten sich wispernd Geschichten, ja sie lachten sogar und hielten Wache, bis der Arzt kam und offiziell den Tod feststellte.

Nach einem langen Leben ernten wir, was wir gesät haben. Doch wir ernten nicht nur unser Handeln, wir ernten auch die Qualität unserer Partnerschaft und unsere blinden Flecken bezüglich dieser Partnerschaft. Wie viele Menschen halten Beziehungen aufrecht, obwohl diese schon lange gescheitert sind und kein Funken Liebe mehr zwischen den Partnern zu finden ist? Menschen bleiben trotz fehlender Verbundenheit zusammen aus Trägheit, aus Angst vor dem Alleinsein, aus Gewohnheit, aufgrund gegenseitiger Abhängigkeit oder aus Feigheit, etwa vor dem genauen Blick auf die tote Beziehung.

Jahrelange Verhaltensmuster verfestigen und verschärfen sich, längst vergangene Liebe wandelt sich zu Gleichgültigkeit, zu einem Trott des Nebeneinanders und manchmal, wenn die handelnden Personen die schwierige Situation zusätzlich auch noch verdrängen, sogar zu Wut oder zu Hass. Ich habe immer wieder Paare erlebt, die am Ende des Lebens so unglaublich wütend aufeinander waren, darauf, dass der andere nicht mehr funktionierte und plötzlich Arbeit machte, etwa weil er pflegebedürftig wurde. Paare voll mit Hass aufeinander, der sie schon seit Jahren begleitete und der sich jetzt im Alter und in der Betreuungssituation unbändig steigerte. Für mich ist diese Würdelosigkeit, sowie die Gewalt, die in solchen Partnerschaften häufig passiert, immer wieder erschreckend.

Ich erinnere mich an die alte Ehefrau, die ihren halbseitengelähmten Mann in ihrer Verzweiflung und Überforderung immer wieder schlug, wenn er sich beim Anziehen wieder einmal »so blöd anstellte«. Ich denke an den hochbetagten Ehemann, der seiner dementen Frau einen Sack Mehl und ein Glas Wasser zum Essen auf den Tisch stellte, als Strafe, weil sie »wieder einmal zu faul zum Kochen war«. Nie vergessen werde ich auch den alten Mann, der nach einem abendlichen Sturz eine ganze Nacht mit gebrochener Hüfte hilflos am Boden lag, obwohl er mit seiner Ehefrau zusammenlebte. Nach dem Sturz hatte er sie gebeten, ihm das Handy zu reichen, damit er die Rettung rufen kann. Sie aber hat ihm einen Polster und eine Decke vor die Füße geworfen und gerufen: »Dann bleibst eben liegen, wenn du zu faul bist zum Aufstehen.« Erst am Morgen brachte er die Frau dazu, die

Rettung zu rufen. Der Sohn des Paares erzählte später, dass sich seine Eltern schon ihr halbes Leben gegenseitig demütigten und schlugen. Wir ernten im Alter, was wir säen. Menschen, die wertschätzende und liebevolle Beziehungen pflegen, die ihre Konflikte bereinigt haben und sich vertrauen, ernten tiefe Verbundenheit. Ich bin in meinem Beruf auch vielen Menschen und Paaren begegnet, deren Umgang miteinander von genau dieser Verbundenheit erzählte. Besonders berührt haben mich Elly und Moses Gruber.

Er ist ihr vertraut. Sie kennt seine Stimme, seinen Geruch, sein Gesicht. Manchmal lächelt sie ihn an. Dann geht bei Moses Gruber, für einen kurzen Moment, innerlich die Sonne auf. Meistens sieht sie ihn jedoch skeptisch an, denn sie hat seinen Namen vergessen und auch, dass er ihr Ehemann ist.

»Meine Frau ist der wichtigste Mensch in meinem Leben«, erklärt mir Moses Gruber bei meinem Hausbesuch, den er angefordert hat, weil er oft nicht mehr weiter weiß.

Seine Frau, Elly Gruber, hat Demenz und er pflegt sie seit fünf Jahren. Am Anfang ging alles leicht, da konnte er mit seiner Frau noch reden, ihr erklären, warum er ihr Medikamente gab, warum er sie bei jedem Spaziergang begleitete oder ihr beim Duschen half. Seit ein paar Wochen findet er jedoch sprachlich keinen Zugang mehr zu ihr. Sie wehrt sich dagegen von einem wildfremden Mann geduscht zu werden, sie schlägt nach ihm, wenn er ihr beim Toilettengang helfen will und kürzlich hat sie ihm die Suppe entgegen gespuckt und ihm vorgeworfen, diese wäre sicher vergiftet. Moses Gruber weiß nicht mehr weiter. Seine Frau in ein Heim zu geben, ist für ihn jedoch keine Alternative. Wie immer in solchen Fällen, versuche ich so viele Informationen wie möglich über das häusliche Pflegesystem zu erhalten. Wie kam es zur Pflegesituation? Wer hilft bei der Pflege mit? Was weiß der pflegende Angehörige über Demenz? Würde die pflegende Person Hilfe von außen annehmen? Welche Beziehung haben die betroffenen Personen, was verbindet den dementen Menschen und seinen Angehörigen?

»Warum ist es Ihnen wichtig, Ihre Frau selbst zu pflegen?«, frage ich Herrn Gruber, worauf dieser für ein paar Sekunden seine Augen schließt, schweigt und zärtlich lächelt. Als er mich wieder anschaut, meint er: »Weil sie mein Leben ist.«

Moses Gruber erhebt sich von seinem Sofasessel, schreitet mit großen Schritten zu einem Kasten, kramt in einer Schublade und zieht einige Fotos heraus.

»Sie liebt Blumen im Haar«, erzählt er und legt zum Beweis ihr Hochzeitsfoto auf den Tisch. »Sie mag himmelblaue Kleider und ausladende Hüfte«, flüstert er und zeigt mir das nächste Foto. »Sie mag Tango und Walzer, sie singt gerne Gospel und sie liebt Picasso«, sinniert Herr Gruber weiter und beendet die Charakterisierung seiner Frau mit dem Satz: »Wenn sie Kaffee trinkt, dann spreizt sie den kleinen Finger ab.« Dabei lacht er, sammelt die Fotos wieder ein und trägt sie, wie einen wertvollen Schatz, zurück zum Kasten.

Danach erzählt er mir, dass sie seit mehr als fünfzig Jahren verheiratet sind, wie sie gemeinsam viele Höhen und Tiefen gemeistert haben, dass sie den Tod eines Kindes bewältigen mussten, wie sehr seine Frau ihm bei einer Krebserkrankung beistand und Kraft gab und dass sie immer zusammengehalten hatten. Immer. Über fünfzig Jahre lang.

Am Ende sagt er mit Tränen in den Augen: »Wissen Sie, meine Frau erinnert sich vielleicht nicht mehr an mich. Aber ich erinnere mich an meine Frau. Das alleine zählt.«

Die Einsicht »Man erntet, was man gesät hat«, habe ich nicht über ein persönliches Schlüsselerlebnis mit alten Menschen gewonnen, sie stammt von meiner Großmutter, einer alten Bäuerin aus dem ungarischen Banat. Diese Einsicht begleitet mich daher schon seit meiner Kindheit und sie wurde mir immer wieder bestätigt, von dem wunderbaren Ehepaar Gruber, der hilfsbereiten Katharina Facht, vom pöbelnden Josef Meininger und vielen anderen Menschen, denen ich im Leben oder im Beruf begegnet bin.

Der Satz meiner Großmutter hat mich sehr geprägt und ich bin mir sicher, er ist einer der Gründe, warum ich letztlich, trotz vieler Auf und Ab, im Beruf der Altenpflege doch meinen Platz gefunden habe. Soziales Denken, eine helfende Grundhaltung, ein ehrliches Interesse an Menschen und der Wunsch, ein kleines Puzzlestück zu einer besseren Welt beizutragen, machen mich heute aus.

Der Satz meiner Oma bedeutet für mich aber auch, die Folgen meiner Handlungen auf andere zu bedenken, also etwa zu überlegen, ob ich in meinem Tun gerecht bin, ob andere möglicherweise durch mich leiden, ob ich etwas besser machen hätte können. Manchmal steht mir diese Einsicht auch im Weg, meinen einige meiner Freunde. Ich würde zu viel von mir selbst verlangen, so der Tenor, und sollte das Leben leichter nehmen. Aber so bin ich nun einmal.

Ich verbinde mit dem Satz »Man erntet, was man sät« auch, obwohl ich keiner Religion zugehöre, den Begriff des Karmas. Das Wort Karma kommt aus dem Sanskrit und bedeutet »Tat« und zugleich auch »Wirkung«. Im Hinduismus und im Buddhismus, wo Karma eine wesentliche Rolle spielt, wird davon ausgegangen, dass jede unserer Handlungen Folgen hat, geistig wie körperlich, und diese Folgen immer wirksam werden, in diesem Leben oder in einem anderen. Gute Taten bringen gutes Karma und damit positive Folgen, wie etwa Glück. Negative Taten schaden dem Karma und führen zu Problemen oder Krisen.

Mir gefällt die Idee des Karmas, die daraus resultierende Verantwortlichkeit für unsere guten wie auch schlechten Taten, sowie die Möglichkeit, sein Leben damit ein kleines Stück selbst mitzubestimmen. Das Tolle am Konzept des Karmas: Jeder Mensch kann bewusst gutes Karma sammeln. Das tue ich, aus Überzeugung. Heute Vormittag, bevor ich anfing, die vorliegenden Zeilen zu schreiben, habe ich eine Libelle gerettet, die vor mir in den See fiel und fast ertrunken wäre. Ich habe sie auf meine Hand genommen, sie danach etwa zehn Minuten lang trocken gepustet und ich habe gejubelt, als sie sich erhob und davon flog. Gutes Karma sammeln macht glücklich.

Einsicht 8

Der Rucksack deines Lebens ist immer dabei

Wir wissen nicht viel über Hannah Goldberg, unsere neue Bewohnerin im Seniorenheim. Vor drei Wochen ist sie bei uns eingezogen. Bis dahin hat sie zu Hause gelebt, alleine, weitgehend selbstständig, trotz leichter Demenz. Aber in den letzten Wochen irrte sie oft in ihrer Wohngegend herum, auch nachts, wurde von Nachbarn halbbekleidet gefunden und wieder nach Hause gebracht. Irgendwann entschied das Sozialamt, dass es zu Hause nicht mehr gehe, zumal es keine Angehörigen gibt, die sich um Hannah Goldberg hätten kümmern können.

Hannah Goldberg lebte in einem winzigen Holzhäuschen, einem richtigen Hexenhäuschen. Sie wäre so eine alte Jungfer, erzählte uns ein Nachbar hinter vorgehaltener Hand, keine Kinder, nie geheiratet, immer schon etwas wunderlich, wie alte kinderlose Frauen halt so sind.

Beim Ausräumen des Hauses stellten wir fest, dass es voll mit Kindersachen, Mädchenkleidung, Tretroller, Teddys und Puppen in allen Größen, Puppenwägen und einer großen Puppenküche ist. Alles da, was ein Mädchenherz begehren würde. Warum die alte kinderlose Dame Kinderspielzeug hortete, konnte uns niemand beantworten.

»Wo ist mein Baby? Bitte Schwester, wo ist mein Baby?«
Zum gefühlten hundertsten Mal zieht mich Hannah Goldberg

am Ärmel und stammelt mir ihre verzweifelte Suche nach ihrem »Baby« entgegen. Seit ihrem Einzug bei uns im Heim sucht sie dieses »Baby«. Sie ist rastlos, kaum sitzt oder liegt sie, muss sie schon wieder aufstehen und suchen. In den letzten drei Wochen hat Frau Goldberg kaum geschlafen, Schlaftabletten lehnt sie kategorisch ab. Langsam dämmert mir, dass sie zu Hause, als sie in ihrer Wohngegend herumirrte, wohl auch auf der Suche nach diesem »Baby« war. Aber warum sucht eine kinderlose Frau nach »ihrem Baby«?

»Ist das Baby ein Mädchen?«, frage ich eines Tages Hannah Goldberg vorsichtig. Augenblicklich habe ich ihre volle Aufmerksamkeit. Die Frau, die wochenlang gehetzt herumirrte, die mit keinem von uns Pflegepersonen in Blickkontakt ging, sieht mir direkt in die Augen und strahlt mich an: »Ja, ein Mädchen. Kennen Sie mein Baby?« Mir zerreißt es das Herz, der alten Dame sagen zu müssen, dass ich ihr Baby nicht kenne. Aber in diesem Moment beschließe ich, Hannah Goldberg dabei zu unterstützen, mir die Geschichte »ihres Babys« zu erzählen. Ich hoffe dabei eine Idee zu bekommen, wie ich ihr helfen kann, ihre verzweifelte Suche einzustellen.

Nach und nach erfahre ich, dass das Baby noch keinen Namen hatte. Es war gerade erst geboren worden und sollte Nelly heißen. Irgendetwas musste nach der Geburt passiert sein. War das Kind gestorben?

An dem Tag, an dem sich die Tür zu Hannah Goldbergs Geschichte öffnet, nehme ich mir bewusst Zeit für ihr Vollbad. Ich will ihr etwas Zuwendung geben und so bei ihr ein wenig Entspannung herbeiführen. Als sie mir einen Arm entgegenstreckt und meine Wange berühren will, sehe ich es: 13098. Eintätowiert in den linken Unterarm. Auschwitz. Meine Bewohnerin Hannah Goldberg war in Auschwitz. Mich durchfährt eine Schockwelle, ich kann vor Betroffenheit kaum atmen. Was war mit diesem Kind geschehen? In mir tut sich eine schlimme Ahnung auf. Soll ich sie darauf ansprechen? Soll ich diese Tür öffnen? In meinem Kopf laufen die Fragen rauf und runter, nach einer Weile beschließe ich, es zu wagen. Beim Abtrocknen greife ich sanft nach dem linken Arm, schaue Frau Goldberg an, berühre mit einem Finger die eintätowierte Zahlenreihe, streichle darüber und frage sie: »Ist das Baby dort geblieben?«

»Mein Baby, die haben mir meine Nelly weggenommen«, bricht es aus Hannah Goldberg hervor, sie ruft und weint in einer Intensität, die mir durch Mark und Bein geht. Sie greift nach mir, krallt sich an mir fest und schreit gellend: »Bitte, bringen Sie mir mein Baby wieder! Bitte, mein Baby, bringen Sie mir mein Baby wieder!«

Ein paar Tage später überreiche ich Hannah Goldberg eine lebensgroße Babypuppe, die ich am Flohmarkt ergattert hatte. Sie trägt ein rosa Kleid mit einer weißen Schleife, und ich habe sie Nelly genannt. Ich weiß nicht, wie meine Bewohnerin reagieren wird, aber einen Versuch ist es wert, beschloss ich.

Die nächsten drei Jahre trägt Hannah Goldberg ihr »Baby Nelly« jede Sekunde mit sich. Wenn sie gebadet wird, sitzt Nelly am Badewannenrand, beim Essen befindet sich Nelly in einem Hochstuhl neben ihr, und selbstverständlich schläft Nelly auch im Bett der Bewohnerin.

Hannah Goldberg verstirbt drei Jahre später, friedlich. Nelly, die Babypuppe, legen wir zu ihr in den Sarg.

Als ich vor einiger Zeit die Geschichte von Hannah Goldberg und ihrer Nelly einer Pflegewissenschaftlerin erzählte, meinte diese, wir Pflegepersonen würden oft »am Unsichtbaren arbeiten«. Dieser Begriff bringt aus meiner Sicht gut auf den Punkt, was Altenpflege ausmacht, abseits von Körperpflege und Sturzprävention. »Am Unsichtbaren arbeiten« bedeutet, dass wir bei Pflegebeginn nie wissen, welche Geschichte ein alter Mensch in sich trägt, was sich in seinem Lebensrucksack an Schönem und an Schrecklichem befindet, was er davon gut verarbeitet hat und welche Teile seiner Lebensgeschichte er verdrängt.

Jeder alte Mensch, mit dem wir in Kontakt kommen, kann potentiell ein Geheimnis in sich tragen, kann irgendwann im Leben traumatisiert worden sein, eine intensive Lebenskrise nicht verwunden oder auch Schuld auf sich geladen haben. Heute hochbetagte Menschen haben noch Kriegserlebnisse in ihrem Lebensreisegepäck. Nächte im Luftschutzbunker, Bombenhagel und Zerstörung, Hunger, Vergewaltigung, Beschuss an der Front, stundenlanges Warten im Schützengraben, gefallene oder schwerverletzte Kameraden, oder sie können auch selbst, als Soldaten, jemanden erschossen zu haben.

Viele alte Menschen nehmen diese Erlebnisse, häufig haben sie ihr Leben lang nicht darüber geredet, still mit sich ins Grab. Bei manchen Menschen aber drängen die nicht bearbeiteten und verschütteten Erlebnisse an die Oberfläche, etwa im Rahmen einer Altersdepression oder in der Demenz. Nicht immer können wir Pflegepersonen, wie bei Hannah Goldberg, helfen. Oft stehen wir rätselnd vor leidenden Bewohnern und müssen hilflos die Situation des betroffenen Menschen aushalten. Seelisches Leid etwa, welches sich durch Schreien oder eine verzweifelte Suche ausdrückt, und körperliches Leid, das sich als Schmerz zeigen kann, für den organisch aber keine Ursachen gefunden werden. Wir erleben derzeit in Europa eine weitgehend friedliche Zeit, bleiben schon viele Jahrzehnte von Kriegserlebnissen verschont. Unser Lebensrucksack ist daher um vieles leichter, als der vergangener Generationen. Aber auch wir tragen, ab dem Tag unserer Geburt, unseren persönlichen Rucksack des Lebens mit uns, der sich nach und nach füllt. In diesem Rucksack befinden sich unsere schönen Erlebnisse ebenso wie unsere Krisen oder Traumata. Eine glückliche Kindheit, der spannende erste Schultag, die erste Liebe, Erfolgserlebnisse im Beruf, eine Schwangerschaft, Vater oder Mutter zu werden, aber auch Gewalt in der Kindheit, ein liebloses Umfeld, eine Scheidung, der Streit mit dem besten Freund, eine schwere Krankheit oder der Verlust eines Kindes. Tag für Tag füllen wir selbst, andere Menschen oder auch das Schicksal unseren Rucksack des Lebens. Wir können ihn das gesamte Leben lang nicht weglegen, er begleitet uns bis zur letzten Lebenssekunde.

Ob unser Rucksack des Lebens groß oder klein ist, ob er schwer oder leicht wiegt, ob er im Alter irgendwann überquillt und sich verselbstständigt, hat mit dem Erlebten selbst zu tun, aber auch damit, wie wir unser Leben verarbeiten. Es macht einen Unterschied, ob wir unangenehme, etwa krisenhafte

Erlebnisse, achtlos wie einen alten Socken ganz nach unten stopfen, damit sie nicht mehr sichtbar sind, wir nichts mehr fühlen müssen, oder ob wir Erlebtes vor dem Einpacken betrachten, uns erlauben, zornig zu sein, zu verzweifeln, zu trauern und die Erfahrungen einzusammeln, bevor wir das Erlebte fein säuberlich zusammenlegen und in unserem Lebensrucksack verstauen. Sicher, manchmal weiß unsere Seele sehr genau, was sie ertragen kann und was nicht, dann schummelt sie uns Krisenerlebnisse in den Rucksack, um uns zu schonen. Wir nennen dies Verdrängung, ein durchaus gesunder Mechanismus. Trotzdem lohnt es sich, ab und zu einen Blick in den Rucksack des Lebens zu machen, wenn nötig mit Hilfe von Psychotherapeuten oder Lebensberaterinnen. Es lohnt sich, den Rucksack etwas zu entrümpeln und umzupacken, damit er im Laufe der Jahre nicht zu schwer wird und uns am Ende des Lebens nicht erdrückt.

Wie sich so ein Lebensrucksack auswirken kann, wenn Erlebnisse verdrängt wurden, weil scheinbar nie Zeit dafür war, musste ich in meiner eigenen Familie erleben.

»Kinder, dreht euch nicht um. Kinder, dreht euch nicht um!«, hallt uns die Stimme meiner dementen Großmutter schon am Eingang des Seniorenheims gellend und verzweifelt entgegen. Mein Vater wankt und bleibt dann stehen, er wird blass im Gesicht und flüstert mit leiser Stimme: »Jetzt weiß ich, was damals passiert ist.« Dann beginnt er zu weinen.

Das Pflegepersonal des Seniorenheimes hat uns gerufen. Es ist verzweifelt, weiß nicht mehr ein und aus, denn meine Großmutter schreit seit Tagen, ohne Unterbrechung, und wer sie hört, weiß, sie schreit um ihr Leben.»Kinder, dreht euch nicht um! Kinder, dreht euch nicht um, bitte, dreht euch nicht um.«

Mein Vater war drei Jahre alt, als sie aus dem ungarischen Banat, heutiges Serbien, flüchten mussten. Volksdeutsche waren nicht mehr erwünscht, und die Brutalität der Partisanen war berüchtigt. Also ließ meine Großmutter Hab und Gut zurück und rannte, gemeinsam mit ihren vier Kindern, um das nackte Leben.

Nach vielen Tagen der Angst, des Versteckens tagsüber und Rennens in der Nacht, standen die Partisanen plötzlich vor ihnen und versperrten den Weg. Ein Rudel Männer. Sie trieben meine Großmutter und ihre Kinder in eine Kirche, stießen sie grob hinein, mein dreijähriger Vater klammerte sich an die Hand seiner Mutter.»Auseinander! Auseinander!«, riefen die Partisanen und trennten die Mutter von den Kindern.

Die drei Mädchen und der kleine dreijährige Bub mussten sich mit Blick zum Altar aufstellen. Sie sollten »brav zum Herrgott beten« und »ja keinen Mucks von sich geben«, meinte einer der grobschlächtigen Partisanen und lachte dabei dreckig.

Danach stöhnten und seufzten die Männer wie die Tiere hinter ihren Rücken, sie lachten und grölten. Währenddessen schrie meine Großmutter die ganze Zeit gellend:»Kinder, dreht euch nicht um. Dreht euch nicht um. Kinder, dreht euch nicht um!«

Was genau damals hinter dem Rücken der Kinder passiert ist, wird sich nicht mehr eruieren lassen. Die Seele des dreijährigen Buben, heute mein Vater, hat dieses Erlebnis verdrängt, um selbst zu überleben. Auch meine schwer traumatisierte Großmutter hat das Erlebte in den Tiefen ihres Lebensrucksackes vergraben, denn an erster Stelle galt es zu überleben. Sie hat ihr ganzes restliches Leben nie über die Flucht mit den Kindern gesprochen. Ihr Blick ging ausschließlich nach vorne, nie zurück. Sie hat hart gearbeitet und versucht, der kleinen vaterlosen Familie, mein Großvater fiel vor Stalingrad, eine Zukunft zu schaffen.

Mit über neunzig Jahren und in der Demenz versunken, kann meine Großmutter das Erlebte nicht länger verdrängen, kann ihren Schutzschild, mit dem sie dieses Geheimnis bewacht hat, nicht mehr hochhalten. Deshalb gellen jetzt ihre Schreie durch das Seniorenheim:»Kinder, dreht euch nicht um. Kinder, dreht euch nicht um.«

Naomi Feil, die Begründerin der Validation, eine besondere Kommunikationsform für Menschen mit Demenz, vertritt die Meinung, dass manche Menschen erst im Schutz des Vergessens ihr verdrängtes Leben verarbeiten können, weil die Seele den Blick zurück vorher nicht ertragen hätte. Sie meint, die dann unbewusste und oft quälende Verarbeitung der verschütteten Lebenskrise oder des Traumas ist notwendig, damit diese Menschen am Ende friedlich sterben können.

Wir konnten daher meiner Großmutter nicht helfen, in der Bewältigung des späten Leides. Diesen Weg musste sie alleine gehen. Wir konnten nur das Pflegepersonal über die Ursache der quälenden Schreie informieren und sie damit emotional entlasten. Das haben wir auch geschafft, die Kolleginnen konnten meiner Oma danach den Raum geben, ihre

Qual hinauszuschreien und ihr Leid damit zu verarbeiten. Sie starb ein Jahr später mit einem Lächeln im Gesicht.

Das Erlebnis mit meiner Großmutter, ich war damals etwa dreißig Jahre alt, und viele ähnliche Erfahrungen mit dementen Menschen haben mir klargemacht, dass es für mich und mein weiteres Leben wichtig sein könnte, meinen Lebensrucksack auszupacken und anzusehen. Ich leistete mir dafür phasenweise auch fremde Hilfe, schenkte mir selbst Zeit bei einer Psychotherapeutin. Im Nachhinein weiß ich, diese psychotherapeutische Hilfe war wesentlich für meinen Erkenntnisgewinn und hat meine persönliche Reise erst so richtig spannend gemacht.

Heute bin ich davon überzeugt, dass unser Rucksack des Lebens manchmal schwer wiegt und eine größere Rolle spielt, als uns oft bewusst und lieb ist. Die gute Nachricht aber ist, unser Lebensrucksack ist nicht nur ein Schicksal, dem wir ausgeliefert sind und an dem wir leiden müssen. Wer den Mut hat, seinen Lebensrucksack auszupacken, erfährt viel über sich. Wie wir funktionieren, wie wir denken und ticken, was wir mögen oder ablehnen, wovor wir uns fürchten, all das ist in unserem Rucksack begründet.

Ein Beispiel: Ich habe eine Mutter, die aufgrund ihrer schlimmen Lebensgeschichte, sie war ein auf einem Bergbauernhof gequältes Pflegekind, bis heute voller Angst ist. Sie hat Angst vor fast allem. Angst vor anderen Menschen, Angst, etwas falsch zu machen, Angst, zu versagen, Angst davor, nicht zu entsprechen, Angst, abgelehnt zu werden, Angst vor den Nachbarn, Angst vor der Zukunft. Ihre Lebensängste hat sie mir weitergegeben, einfach weil ich ihre Ängste als Kind täglich miterlebte. Also wurde auch ich ein ängstliches Mädchen, welches sich jahrelang nur wenig zutraute und das Leben nur zögerlich anging. Ich war kontaktscheu, ein graues Mauerblümchen, hatte Angst vor Menschenmassen und war unbewusst immer darauf bedacht, jemand Starken an meiner Seite zu haben. Dieser vermeintlich starke Mensch, lange Jahre mein erster Ehemann, hatte die Aufgabe, mir die Steine aus dem Weg zu räumen und jene Tätigkeiten zu übernehmen, die ich selbst nicht wagte. Ich musste erst meine Scheidung erleben, unbändige Zukunftsängste durchlaufen, bis ich verstand, dass meine Ängste gar nicht meine Ängste sind, sondern die meiner Mutter. Also habe ich meinen Lebensrucksack ausgepackt und nach diesen Ängsten meiner Mutter in mir gegraben, habe sie angesehen und danach entschieden, dass sie nichts mit mir zu tun haben, sondern mir nur im Weg sind, und habe sie dann Angst für Angst abgelegt. Seitdem wage ich mein Leben.

Ich bin davon überzeugt, dass wir, vor allem als Kind, oft schweres Reisegepäck eingepackt bekommen. In unserem Rucksack befinden sich etwa die Vorstellungen der Eltern über das Leben, ihre moralischen Werte, ihre Tabus, ihre Vorurteile, aber auch ihre versteckten Lebensaufträge an uns Kinder. Werde erfolgreich. Schaffe du, was ich nicht geschafft habe. Sei meine Prinzessin. Wage du, was ich nicht gewagt habe.

Eine ungewollt kinderlose Frau in meinem Umfeld erzählte mir kürzlich, dass sie als kleines Mädchen jahrelang von ihrer alleinerziehenden Mutter gesagt bekam, es wäre besser gewesen, keine Kinder zu bekommen. Meine kinderlose Bekannte, sie ist heute um die Sechzig, ist davon überzeugt, dass sie als kleines Mädchen die Aussage der Mutter »besser, du bekommst keine Kinder« als Lebensauftrag übernahm und diesen dann unbewusst erfüllte. Obwohl medizinisch nie etwas gegen eine Schwangerschaft sprach, sie sich auch sehnlich ein Kind wünschte, wurde sie nie schwanger. Sie bedauert es heute sehr, ihren Rucksack niemals angesehen zu haben und diesen Auftrag der Mutter nie entsorgt zu haben.

Persönlich glaube ich, manche mögen mich jetzt vielleicht als etwas wunderlich betrachten, dass sich in unserem Rucksack des Lebens sogar Lebensaufträge vorangegangener Generationen befinden. Wobei ich an dieser Stelle betonen möchte, dass nicht jeder Lebensauftrag missfallen muss. Es ist auch möglich, sich für einen Lebensauftrag bewusst zu entscheiden, ihn anzunehmen und zu leben. Ich habe etwa kürzlich einen Auftrag meiner Großmutter zuerst unbewusst übernommen und mich später dafür entschieden, diesen Auftrag, in meinem eigenen Rahmen, zu erfüllen.

Vor fünf Jahren habe ich mir mit meinem Partner ein Haus in Ungarn gekauft, einen alten bäuerlichen Streckhof, weil mich diese Art von Haus schon mein Leben lang anzieht, in mir das Gefühl von Geborgenheit auslöst. Als ich meinem Vater von dem Hauskauf berichtete und auch davon, dass ich jetzt einen riesigen Garten, ja sogar einen alten Brotbackofen haben würde und ihm Fotos von dem gekauften Haus zeigte, wurde mein Vater rührselig, meinte, er müsse mir etwas zeigen und stieg die Treppen zu seinem Büro hinauf. Nachdem er zurück war, legte er ein paar vergilbte Schwarzweißfotos eines alten Streckhofes auf den Tisch und flüsterte: »Mein Elternhaus.« Ich war sprachlos, hatte plötzlich Herzklopfen und bekam eine Gänsehaut. Mein erster Gedanke war: »Oma!«, und danach sofort: »Zurück zu den Wurzeln also.«

Ich bin mir sicher, meine Großmutter, bei der ich als Kind zum Teil aufgewachsen bin, hat mir diesen Auftrag in meinen Rucksack gepackt. Und sollte es nur ihre stille Sehnsucht nach der alten Heimat gewesen sein. Ich habe jedenfalls nie zuvor diese Fotos gesehen, mein Vater hat sie erst tags zuvor von seiner älteren Schwester erhalten, und meine Großmutter hat nie aus ihrer Zeit im ungarischen Banat erzählt.

Heute lebe ich voll Begeisterung den von meiner Oma übernommenen Lebensauftrag und staune selbst über die Leidenschaft, mit der ich plötzlich in der Erde wühle, Kartoffeln ernte, Erbsen säe und Obst einkoche. Der Ort, der eigentlich als Ferienhaus gedacht war, wird immer mehr zu meinem Lebensmittelpunkt, und ich weiß, es gibt kein Zurück mehr. Bald werde ich Hühner haben, Enten und Hasen, und kommenden Monat werde ich das erste Mal, in meinem alten Brotbackofen, mein eigenes Schwarzbrot herstellen.

Der Rucksack des Lebens begleitet uns ein Leben lang, er ist immer dabei, bei allem, was wir tun. Wir tragen unser gesamtes gelebtes Leben zu jedem Zeitpunkt als Gepäck mit uns, Gutes wie Schlechtes, wunderbare Ereignisse wie auch Krisen und Tragödien, Verletzendes wie Heilsames, Aufträge und Botschaften anderer Menschen, Erfolge und Misserfolge, Schuld, Erfahrungen, heimliche Wünsche und auch Sehnsüchte. In unserem Lebensrucksack befinden sich all die guten Dinge, die uns helfen, das Leben zu bestreiten. Manchmal stehen uns einzelne Inhalte aber auch im Weg, lassen uns stolpern, fallen oder einfach nicht weiterkommen. Wie wir mit unserem Lebensrucksack umgehen, bleibt jedem Menschen selbst überlassen. Die einen tragen ihn ungeöffnet mit sich herum, plagen sich mit Stillstand, beklagen das böse Leben, welches es so schlecht mit ihnen meint. Andere wieder öffnen ihren Rucksack regelmäßig, entrümpeln, was für die Weiterreise nicht mehr benötigt wird und setzen ihre Reise mit leichterem Gepäck fort.

Am Ende unserer Lebensreise jedenfalls, kurz bevor wir ins Ungewisse gehen, müssen wir unseren Rucksack des Lebens alle auspacken. Ausnahmslos. Für Lebenskorrekturen, für andere Wege, für mehr Freude im Leben oder mehr Mut, ist es dann allerdings zu spät.

»Wenn ich noch einmal von vorne anfangen könnte, dann würde ich den Führerschein machen und mit dir nach Italien fahren«, flüstert Sieglinde Burger, greift nach der Hand ihrer Tochter und blickt diese an. »Ja, Mama, das würden wir machen«, antwortet die angesprochene Tochter und schließt dabei beide Hände um die Hand der Mutter.

Sieglinde Burger ist 91 Jahre alt und es schaut so aus, als würde sie in den nächsten Stunden ihre letzte Reise antreten. Sie liegt im Sterben.

»Ich würde auf dich hören und mehr nach vorne schauen, nicht so viel zurück«, sagt sie mit schwacher Stimme in Richtung Tochter, diese antwortet: »Ja, das würdest du tun, Mama.«

In den letzten fünf Jahren hat Marina Jann ihre Mutter Sieglinde Burger, die im unteren Stockwerk des Zweifamilienhauses lebte, gepflegt, und ich habe sie als Hauskrankenschwester dabei unterstützt. Anfangs nur ein paar Mal in der Woche, seit einiger Zeit komme ich mehrmals täglich ins Haus, weil die körperliche Belastung für die Tochter stark zugenommen hatte. Sieglinde Burger war bettlägerig geworden und musste alle zwei Stunden gedreht werden, die zierlich gebaute Tochter glaubte das nicht zu schaffen.

Heute Morgen hatte ich den Eindruck, dass Frau Burger im Sterben liegt, ihre Augen waren tief in die Augenhöhle gesunken, ihr Gesicht war spitz, und ihre Atmung setzte phasenweise aus. Auch der langjährige Hausarzt der Familie bestätigte meine Vermutung. Frau Burger steht kurz vor der großen Reise ins Unbekannte.

»Würden Sie bitte bei uns bleiben?«, fragte mich Marina Jann, kurz nachdem der Hausarzt sich mit dem Hinweis verabschiedet hatte, dass das Sterben der alten Frau aber dauern könnte. »Ich schaffe das nicht alleine. Bitte bleiben Sie«, bat sie mich mit flehenden Augen. Also blieb ich.

In den Stunden danach gesteht mir Marina Jann Angst davor zu haben, ihre Mutter könnte am Ende des Lebens erkennen, dass sie ihr Leben nie gelebt hat und deshalb einen furchtbaren Todeskampf führen. »Kann ein Mensch auch friedlich gehen, wenn er sieht, dass er sein Leben versäumt hat?«, fragt sie mich mit ängstlichen Augen und beginnt mir von ihrer Mutter zu erzählen.

Sieglinde Burger wurde kurz nach der Geburt weggelegt und in einem Stiegenhaus gefunden. Aufgewachsen in Kinderheimen und konfrontiert mit Gewalterlebnissen, hat sie, so die Tochter, nie Vertrauen ins Leben gefasst. Ihr Leben bestand aus täglichem Blick zurück, dem Blick auf das erlebte Kinderleid. Einen Blick nach vorne gab es nicht. »Ich hab' mir mein Leben lang gewünscht, sie einmal glücklich zu sehen«, erzählt Marina Jann und fügt hinzu: »Nur einmal, wenn sie sich auf den nächsten Tag gefreut hätte. Nur einmal.«

Die Tochter berichtet, dass ihre Mutter nie etwas gewagt hätte, obwohl sie es sich gewünscht hat. Schwimmen lernen etwa oder Radfahren, den Führerschein machen, den Schulabschluss nachholen oder einen Urlaub buchen. Aber sie konnte sich nie aufraffen, fand nie die Kraft und nie den Mut, ihre Lebenswünsche anzugehen.

»Wenn ich noch einmal von vorne anfangen könnte, dann würde ich dich als Baby viel umarmen«, wispert Sieglinde Burger mit schwacher Stimme. »Ich weiß, Mama. Ich weiß«, höre ich die Tochter antworten. Danach legt Marina Jann ihre Stirn auf die Schulter der sterbenden Mutter und weint.

Einsicht 9

Die Sehnsucht nach Liebe endet nie

Helene Holzhausen ist 85 Jahre alt und hat die letzten zehn Jahre ihren dementen Mann gepflegt, die letzten drei Jahre sogar rund um die Uhr. Wir kennen uns seit vielen Jahren, denn trotz der Belastung durch die Pflege ihres Mannes leitet sie eine Selbsthilfegruppe für pflegende Angehörige und kommt einmal jährlich in meinen Unterricht an der Krankenpflegeschule, um den angehenden Pflegefachkräften zu erzählen, wie Angehörige die Pflege eines Familienmitgliedes erleben.

Mit ihrem heutigen Erscheinen im Unterricht habe ich, trotz Terminvereinbarung, nicht gerechnet, denn ich hatte vor zwei Tagen aus der Zeitung erfahren, dass Herr Holzhausen verstorben war. Also plante ich meinen Unterricht um und nahm mir vor, Helene Holzhausen in den nächsten Tagen anzurufen, um mein Beileid auszudrücken. Doch gerade als ich meinen Unterricht starten will, öffnet sich zögerlich die Tür des Klassenzimmers und Frau Holzhausen betritt den Raum. »Ich dachte, für Ihre Schüler ist es vielleicht auch wichtig zu erfahren, wie es einer pflegenden Frau geht, wenn der kranke Mann gestorben ist«, erklärt sie mir mit festem Blick und reagiert damit wohl auf meinen überraschten Gesichtsausdruck.

Eine Stunde lang steht sie mir und den Auszubildenden Rede und Antwort, erzählt von den Anfängen der häuslichen

Pflege, als ihr Mann die Reise in die Demenz antrat, und davon, wie ihr Mann eines Tages bei der Polizei sein Auto als gestohlen meldete und sich später herausstellte, dass er einfach vergessen hatte, wo er es geparkt hat. Sie berichtet davon, wie nervenaufreibend es war, als sich bei ihrem Mann der Tagesablauf umkehrte, plötzlich war er nachts munter und aktiv, wollte etwas unternehmen, tagsüber aber wollte er schlafen. Der Moment, als er nicht mehr ihren Namen wusste, die Zeit, als er verlernte zu gehen, zu essen, zu trinken, als er begann, sich mit der Zahnbürste die Haare zu kämmen und bettlägerig wurde.

Als wir uns im Bericht dem Tod des Mannes nähern, zögere ich, denn ich will Frau Holzhausen hier in der Klasse mit ihrer Trauer nicht vorführen. Trauer ist etwas Intimes, Trauer macht zerbrechlich, sie ist nicht für die Öffentlichkeit gedacht. Bei trauernden Menschen habe ich immer das Bedürfnis, sie zu beschützen. Doch Helene Holzhausen fährt in ihren Erzählungen unbeirrt fort. Sie schildert uns die letzten Wochen, die letzten Tage mit ihrem Mann und auch, wie sie ihn in den letzten Stunden und Minuten begleitet hat. Erst jetzt beginnt sie, zu weinen.

Ich gebe Helene Holzhausen Zeit für ihre Tränen und reiche ihr, als ich sehe, wie sie aus den Tiefen ihrer Erinnerung wieder auftaucht und im Raum landet, ein Taschentuch. Kurz bevor sie dieses zu ihrer Nase führt, hält sie inne, richtet den Blick geradeaus auf die Schüler und sagt:»Viele Menschen meinen, der Tod meines Mannes wäre für mich eine Befreiung, weil die Belastung so groß war. Aber diese Menschen ahnen gar nicht, wie viel Geborgenheit auch ein dementer Mann noch geben kann. Ich vermisse ihn sehr, meinen Mann.«

Dieser Unterricht war meine letzte Begegnung mit Helene Holzhausen. Sie starb drei Monate nach ihrem Mann. Die Tochter erzählte mir später, sie entschlief im großen Ehebett, auf der Seite ihres Mannes liegend, und sie trug jenen Pyjama, den ihr Mann anhatte, als er starb.

Lebensliebe, das war der Ausdruck, der mir sofort zum Ehepaar Holzhausen einfiel, und dass ich oft erlebt habe, wie bei Paaren dieser Art einer dem Tod des anderen schnell nachfolgt. Gestorben an gebrochenem Herzen, nennt der Volksmund dieses Phänomen.

In jungen Jahren dachte ich, es wäre Liebe, wenn ich diesem allesverschlingenden rauschartigen Zustand verfalle, dem Begehren, der Lust, wenn ich Sehnsucht nach immer mehr habe, wenn ich mich schlaflos im Bett wälze, mein Hunger nach Haut und Sex kaum zu stillen ist, wenn ich verzweifle und vermisse, jede Minute.

Nach mehr als fünfzig Jahren Leben und vielen Begegnungen mit alten Menschen und Paaren, hat sich mein Bild von Liebe gewandelt. Mit Liebe verbinde ich heute innere Ruhe und Angekommensein. Liebe findet für mich dort statt, wo ich es wage, meine Masken abzunehmen, wo ich nicht mehr entsprechen muss, wo ich mich fallen lassen kann, wo ich einfach ich bin. Heute weiß ich, für jenen Menschen, der mich liebt, bin ich immer richtig, auch wenn ich Fehler mache, dicker werde oder Falten bekomme. Jener Mensch, der mich liebt, stärkt mich, vorbehaltlos, er gibt mir Kraft und Vertrauen. Dem Menschen, der mich liebt, kann ich mich zeigen, in meiner Freude wie in meiner Verzweiflung, mit meiner Angst und meinem Mut, wenn ich top geschminkt bin und auch mit einem verquollenen Gesicht. Der Mensch, der mich liebt, sieht mich mit seinem Herzen. So wie ich ihn mit meinem Herzen sehe.

Was jetzt so pathetisch klingt, habe ich bei alten Paaren oft bestaunt. Da gibt es doch tatsächlich Menschen, die fünfzig oder gar sechzig Jahre zusammenleben, das gesamte Leben miteinander geteilt haben, und immer noch liegt Zärtlichkeit in der Luft, wenn sie einander ansehen oder berühren. In der Begegnung ist die Ruhe zwischen ihnen spürbar, das Vertrauen und dieses innere Wissen: Ich bin zwar nicht perfekt, aber ich muss es auch nicht sein, denn für dich bin ich richtig, genauso wie ich bin. Diese alten Paare verbindet das gemeinsame Leben voller Höhen und Tiefen, es schwingt zwischen ihnen Verbundenheit, Nähe, Geborgenheit und Respekt.

In der Altenpflege sind wir mit liebenden Paaren und Menschen in Situationen konfrontiert, die für diese meistens äußerst schmerzhaft, ja sogar krisenhaft sind. Manchmal sind es scheinbare Kleinigkeiten, die diese alten Paare verstören oder ihnen Schmerz zufügen.

Adele und Albert Flöcker empfangen mich, auf einem Biedermeiersofa sitzend, in ihrem Salon. Ein Dienstmädchen hat mir die Tür geöffnet, den Herrschaften meinen Hausbesuch angekündigt und mich danach, den langen, breiten Gang entlang, in den Raum geführt, an dessen Wänden großformatige farbenfrohe, abstrakte Bilder hängen.
»Was will die Dame von uns, Albert? Kennst du sie?«, fragt Adele Flöcker mit einem etwas ängstlichen Gesicht ihren Mann, als ich ihnen gegenüber Platz nehme. »Sie hat nur ein paar

Fragen, mein Schatz«, antwortet Herr Flöcker, legt den Arm um seine Frau, drückt sie an sich und küsst sie auf die Stirn. Danach schaut er mich herausfordernd an und meint: »Die Dame wird sehr respektvoll mit ihren Fragen sein und dich nicht verstören.«

Im Laufe des Gespräches, welches ich vor allem mit Frau Flöcker führe, erfahre ich, dass die wunderbaren Bilder an der Wand von ihr stammen und sie fast täglich malt. Albert Flöcker erläutert dazu, dass seine Frau akademische Malerin sei und lange Jahre naturalistisch gearbeitet hätte, heute aber, in der neuen Lebensphase, würde sie Farben lieben.

Adele Flöcker ist dement und ihr Mann, sowie eine slowakische Krankenschwester, betreuen sie rund um die Uhr. Nach wie vor sind Farben und die Leinwand ihr Leben. Einige Jahre hat sie nicht gemalt, erzählt Herr Flöcker, in dieser Zeit verzweifelte sie daran, die verschiedenen Maltechniken, die für naturalistische Bilder notwendig sind, nicht mehr zu beherrschen. Sie hasste ihre Unfähigkeit und rührte keinen Pinsel mehr an. Diese Phase ist überwunden, denn heute kann sich Adele Flöcker nicht mehr an ihr früheres Malen erinnern, heute zählt nur der Augenblick, die Farben, die Leinwand und die Lust auf das Malen.

Während wir über die Gemälde von Frau Flöcker reden, öffnet sich eine Tür und eine blonde Frau betritt den Salon, sie stellt sich als Krankenschwester aus der Slowakei vor und richtet sofort das Wort an mich. »Können Sie bitte Herrn Flöcker sagen, dass Oma braucht ein Krankenbett. Muss heben, kann nicht alleine aus Bett, nix gut für meine Rücken«, erklärt sie mir in gebrochenem Deutsch.

Albert Flöcker erstarrt augenblicklich, legt wieder schützend den Arm um seine Frau, funkelt die Betreuerin zornig an und sagt mit fester Stimme: »Wir wollen kein Pflegebett. Verstanden? Und jetzt gehen Sie, wir haben Besuch.«

Im darauffolgenden Gespräch erzählt er mir, dass die slowakische Krankenschwester ihm gedroht hatte, die Betreuung bei seiner Frau zu beenden, wenn er nicht bald ein Pflegebett organisieren würde. Ich informiere mich genauer, bitte Herrn Flöcker in meiner Anwesenheit einmal mit der Gattin durch den Salon zu spazieren, damit ich ihr Gangbild sehen kann und wie es ihr beim Aufstehen geht. Danach frage ich ihn, ob ich Frau Flöckers Bett sehen dürfte.

Er führt mich in das gemeinsame Schlafzimmer. In dem romantischen Zimmer voll Blumen und Spitzendeckchen steht mittig ein großes, altes Ehebett. Als ich gerade dabei bin, die Höhe dieses Bettes zu überprüfen, beginnt Albert Flöcker zu weinen. »Hier schlafen wir seit sechzig Jahren zusammen«, erklärt er entschuldigend und erzählt dann weiter: »Jeden Abend halten wir uns vor dem Einschlafen lange im Arm. Danach drehen wir uns um, liegen Rücken an Rücken, und dann sagen wir uns Gute Nacht. Seit sechzig Jahren.« Er schaut mich verzweifelt an und fügt hinzu: »Sie verstehen, wir können einfach nicht getrennt schlafen.«

Meine fachliche Beurteilung der Situation ergab, dass kein Pflegebett notwendig war, sondern eine einfache Lösung das Bedürfnis aller beteiligten Personen erfüllen würde. Auf meine Empfehlung hin wurde das alte Holzbett von einem Tischler erhöht und alle waren mit der Lösung zufrieden. Die

Pflegekollegin hatte eine bessere Arbeitshöhe, Frau Flöcker kam leichter aus dem Bett und das Paar konnte weiterhin gemeinsam die Nächte verbringen.

Eine andere große Veränderung im Leben alter Paare, vor allem alter Frauen, habe ich jahrelang nicht in ihrer emotionalen Tiefe erkannt und damit leider auch nicht wahrgenommen, wie schwer sie wiegt. Ich spreche von der Verwitwung. Zwei Drittel aller Bewohner von Seniorenheimen sind Frauen und Witwen, rund ein Drittel Männer und Witwer. Das Leid alter Männer, die ihre Frauen verloren haben, liegt uns irgendwie näher, fast so, als wäre es logischer, dass alte Männer nach dem Verlust der Frauen leiden oder alleine nicht zurechtkommen. Aber alte Frauen, die ihren Mann verloren haben, trauern still, ihr Leid findet eher versteckt statt und wird aus meiner Sicht wenig wahrgenommen. Ich selbst habe etwa, bis zur Begegnung mit Gretl Moser, nie darüber nachgedacht, was es wirklich für eine Frau bedeutet, Witwe zu werden. Was es heißt, nach sechzig Jahren Zweisamkeit plötzlich wieder alleine den Weg des Lebens gehen zu müssen.

Ein fescher Mann war er, der Fredl, als sie ihn kennenlernte, erzählt mir Gretl Moser und zeigt mir ein Foto ihres verstorbenen Mannes in jungen Jahren. Und ein guter Mann war er, denn er war immer für sie und die beiden Töchter da. Immer. Nur in den drei Jahren, in denen er in Kriegsgefangenschaft war, da musste sie das Leben mit den Kindern alleine schaffen. Doch dann stand er eines Tages wieder vor der Tür. Abgemagert. Aber gesund. Seitdem waren sie keinen einzigen Tag mehr getrennt.

Vor einigen Wochen habe ich Gretl Moser, die seit sechs Monaten in unserem Seniorenheim lebt und nicht mehr alleine aufstehen kann, unter Körpereinsatz aus dem Bett gedreht und sie dabei umarmt und an mich gedrückt. Als ich sie loslassen wollte, flüsterte sie zu meiner Überraschung: »Bitte Schwester, könnten Sie mich noch einmal umarmen?« Ich sah sie wohl erstaunt an, denn sie fügte kleinlaut erklärend hinzu: »Mich hat schon so lange niemand mehr im Arm gehalten. Seit 15 Jahren nicht mehr. Seit mein Mann tot ist nicht mehr.«

Ab diesem Tag nehme ich mir hin und wieder speziell Zeit für Gretl Moser, etwa um sie nach dem Baden einzucremen, und ich kann beobachten, wie sehr sie diese Berührungen genießt. Immer wieder reden wir auch über ihren feschen Mann Fredl. Dann sitzen wir an ihrem Tisch, schauen alte Fotos an, sie erzählt mir einen Schwank aus ihrem Eheleben, und ich lege dabei meinen Arm um sie. Unsere kleine Reise in die Vergangenheit beendet sie fast immer mit dem Satz: »Zum Glück ist er vor mir gegangen. Weil mein Fredl hätte es ohne mich nicht geschafft«, und dann schickt sie noch nach: »Man muss weiterleben. Irgendwie.«

Wie es wohl sein muss, den Partner nach langer Zeit zu verlieren, frage ich mich immer wieder, wenn ich mit alten Witwen zu tun habe. Wie bekommen sie wieder Boden unter die Füße, nach ihrem Verlust? Wie fühlt es sich an, nach einer Ewigkeit Körper an Körper jeden Abend, plötzlich nachts alleine im Bett zu liegen? Wie einen Morgen begrüßen, wenn da keiner mehr ist, der den Tag mit dir teilen wird? Wohin mit den Sorgen, wenn da niemand mehr tröstet oder zuhört?

Seit mir Gretl Moser die Witwenschaft als großes schmerzhaftes Ereignis im Leben alter Menschen nahegebracht hat, spreche ich den Schmerz und Verlust oft direkt in Begegnungen an, vor allem mit hochbetagten Frauen. Viele erzählen dann, sie würden selten nach ihrem Verlust gefragt werden, das Umfeld würde meist hilflos die Schulter zücken, als würde es im Alter halt dazugehören, plötzlich wieder alleine im Leben zu stehen. In einem hatte Gretl Moser übrigens Recht, Männer verarbeiten tatsächlich den Tod der Partnerin viel schlechter als Frauen. Die Suizidrate verwitweter Männer ist dreimal so hoch wie die verwitweter Frauen.

Die Sehnsucht nach dem Partner, die Sehnsucht nach Nähe und nach Liebe bleiben ein Leben lang. Sicher gibt es auch Witwen, die nach dem Tod des Mannes ein fröhliches Leben führen, sich entlastet fühlen und meinen, auf keinen Fall mehr einen Mann haben zu wollen. Meistens haben diese Frauen ihre Ehen nicht als erfüllend erlebt, fühlten sich eingeschränkt, oder sie haben sehr früh geheiratet und konnten deshalb nie ein eigenständiges Leben leben. Deshalb leben manche von diesen Frauen am Ende des Lebens ihre Freiheit, auch ihre sexuelle Freiheit. Die meisten alten Menschen aber weinen dem Partner und der Liebe nach. Manche haben auch das Glück, noch einmal Liebe zu finden. Fast in jedem Seniorenheim finden sich späte Paare zusammen, sitzen dann händchenhaltend beim Heimeingang und strahlen vor jungem Glück.

Die Sehnsucht nach Liebe im hohen Alter hat viele unterschiedliche Facetten. Es geht um Nähe, um Geborgenheit, um Erotik, und manchmal sind wir Pflegepersonen auch überrascht, wenn sich plötzlich eine Sehnsucht zeigt, an die wir gar nicht gedacht hätten.

Carla Nordin kommt jeden Freitag mit ihrem dementen Mann um 14 Uhr zum »Alzheimer Tanzcafe«. In der ersten Stunde der Veranstaltung werden die Paare getrennt. Die dementen Menschen erhalten Beschäftigung, meistens ein Gedächtnistraining. Die pflegenden Angehörigen, von denen alle bereits mehrere Jahre ihre dementen Partner betreuen, nehmen an einem Gesprächskreis teil und können sich ihre Sorgen von der Seele reden. Ab halb Vier aber wird getanzt. Eine kleine Tanzmusikkapelle spielt auf, Polka, viel Walzer, Blues und was die Tanzenden sich sonst noch wünschen. Carla Nordin und ihr Mann Herbert gehören zu den fleißigsten Tänzern im Tanzcafe. Einmal auf der Tanzfläche angekommen, verlassen sie diese bis zum Schluss nicht mehr. Manchmal stehen sie ein Musikstück lang am Rand der Tanzfläche, aber spätestens beim nächsten Stück sind sie wieder in Aktion. Beide strahlen, flüstern sich Dinge ins Ohr, Frau Nordin wirft dann gerne wie ein junges Mädchen den Kopf in den Nacken und lacht herzlich auf.

Eines Tages frage ich Carla Nordin, was ihr am Tanzcafe so sehr gefällt, dass sie jede Woche mit ihrem Mann über dreißig Kilometer anreist. Sie antwortet: »Weil mein Mann nur hier beim Tanzen wieder die Führung übernimmt, wie früher im Leben. Weil ich nur hier für einen Moment vergessen kann, dass er krank ist.«

Krankheit und Pflegebedürftigkeit verändern eine Beziehung. Der vormals starke Mann wird schwach und braucht Hilfe.

Die immer emsige und sorgende Frau braucht plötzlich einen sie umsorgenden Mann. Aufgaben und Rollen verändern sich, Beziehungsgefüge müssen neu geordnet werden. Was oft bleibt, ist die Sehnsucht nach früher, die Erinnerung an die Zeit, als das Leben noch normal war. Viele Paare leben auch in der Pflegesituation ihre Liebe fort. Frauen kümmern sich Jahre liebevoll um ihre kranken Männer, Ehemänner besuchen täglich mehrere Stunden ihre Frauen im Seniorenheim, oft über lange Jahre.

Als Altenpflegerin bin ich auch Menschen begegnet, die ihr gesamtes Leben hindurch ihre Liebe verleugnen mussten, weil diese Liebe verboten war, verpönt, tabuisiert, weil sie aufgrund dieser Liebe ausgegrenzt worden wären, in der Nazizeit sogar umgebracht. Es tut mir immer in der Seele weh, wenn diese Paare auch im Alter ihre Liebe vertuschen müssen, wie Cäcilia Weng und ihre Freundin Martha.

Cäcilia Weng ist eine gewichtige Frau um die achtzig, als ich ihr im Rahmen eines Hausbesuches gegenübersitze. Sie hatte vor ein paar Jahren einen Schlaganfall und schafft jetzt ihr Leben mit der halbseitigen Lähmung nicht ohne Hilfe. Diese notwendige Hilfe bekommt sie von Martha, einer zarten Frau, ebenfalls um die achtzig, die sie mir als ihre Betreuerin vorstellt.

Im anschließenden Gespräch klären wir, in welchen Bereichen sie noch komplett selbstständig ist, wo sie in Teilbereichen Hilfe benötigt und welche Alltagstätigkeiten Martha zur Gänze übernehmen muss. Cäcilia Weng thront während des Gesprächs in einem Sofasessel und redet mit ausladender Geste und tiefer Stimme. Martha lächelt sie glücklich an, streicht ihr manchmal über den Arm und nestelt ab und zu fürsorglich an dem Polster, auf dem Frau Wengs gelähmter Arm gelagert ist. Mir ist sofort klar, dass die beiden Frauen ein Liebespaar sind, und so binde ich, wie bei anderen Paaren auch, Martha in unser Gespräch mit ein, frage nach, wie sie die Arbeit körperlich schafft, und erkundige mich auch vorsichtig nach der emotionalen Belastung, also etwa wie sie die Pflegebedürftigkeit der Freundin verarbeiten kann, und ob sie ab und zu jemanden zum Reden hat.

Von Beginn des Gesprächs an fordert mich Cäcilia Weng auf, mir das Schlafzimmer der beiden Frauen anzusehen, und immer wieder betont sie, Martha wäre nur ihre Betreuerin. Also lasse ich mich am Ende meines Hausbesuches breitschlagen, mir das Schlafzimmer anzusehen, obwohl dies überhaupt nicht notwendig wäre. Aber ich bin neugierig geworden, was es mit diesem Schlafzimmer auf sich hat. Martha führt mich also zum gemeinsamen Schlafraum. Als sie die Tür öffnet, höre ich Cäcilia Weng aus dem Wohnzimmer herüberrufen: »Sehen Sie, getrennte Betten. Nur meine Betreuerin.«

Martha aber lächelt, geht in den Raum hinein, hebt einen kleinen Teppich und zeigt mir am darunter liegenden Teppichboden den Fußabdruck der Betten: normalerweise stehen diese sichtlich zusammen. Nur für mich, für meinen Besuch, wurden die Betten also anders arrangiert.

»Ich liebe sie seit vierzig Jahren, auch wenn sie so tut, als wäre ich nur die Betreuerin«, erklärt mir Martha leise und legt den kleinen Teppich wieder über die verdächtige Stelle am Boden. Dann lächelt sie mich verschwörerisch an und geht leichten Schrittes wieder zurück zu ihrer Lebensgefährtin.

Wir Menschen sind soziale Wesen. Um gesund zu bleiben, brauchen wir andere Menschen, wir brauchen Austausch, Nähe, Geborgenheit, und wir brauchen Liebe. Bis zum letzten Augenblick. Es tut uns einfach gut, jemanden um uns zu haben, dem wir vertrauen, jemanden, dem wir uns nah fühlen können, bei dem wir uns aufgehoben fühlen. Auch wenn wir den Großteil des Lebens alleine gelebt haben, die Sehnsucht nach Liebe bleibt.

Seien wir ehrlich, die meisten Menschen träumen davon, einen Partner zu finden, mit dem sie gemeinsam alt werden können, der mit ihnen das Leben teilt, bis zur letzten Sekunde. Wir alle wünschen uns eine Lebensliebe. Ich habe vielfach gesehen, dass es diese Lebensliebe tatsächlich gibt. Allerdings wird sie einem nicht geschenkt. Sie ist harte Arbeit. Alte Paare erzählen oft davon, dass sie sich zusammenraufen mussten, dass sie miteinander gekämpft haben, dass sie Krisen gemeinsam gemeistert haben und es meist genau diese schweren Zeiten waren, die sie zusammengeschweißt haben.

Ich gebe es unumwunden zu: Ich möchte mit dem Mann an meiner Seite gemeinsam alt werden, möchte in dreißig oder gar vierzig Jahren zusammen mit meiner Lebensliebe händchenhaltend zurückblicken auf ein gemeinsames Leben. So wie es im Moment ausschaut, schaffen wir das auch, mein Mann und ich arbeiten auf alle Fälle täglich daran. Mein Umgang mit der Beziehung hat sich in den letzten Jahren sehr verändert. Durch die vielen Begegnungen mit alten Paaren ist mir der Wert einer guten Beziehung erst richtig bewusst geworden und auch die Wichtigkeit, auf meine Beziehung aufzupassen, sie zu pflegen und zu hegen wie einen Schatz.

Ich bin heute etwa meinem Partner gegenüber versöhnlicher als früher. War ich früher eine wirklich impulsive und streitbare Frau, bin ich heute viel überlegter und frage mich, ob das Streitthema auch wirklich relevant ist, ob es sich lohnt, deshalb zu streiten oder ob es sich eigentlich um eine Nebensächlichkeit handelt. Heute achte ich außerdem darauf, nie im Streit das Haus zu verlassen oder gar im Streit schlafen zu gehen. Das Leben kann jede Sekunde vorbei sein, hat mich mein Beruf gelehrt, und ich möchte mir nie vorwerfen müssen, dass das letzte Gemeinsame zwischen mir und meinem Partner ein Streit gewesen wäre.

Da mein Lebensmensch um acht Jahre älter ist als ich und Männer statistisch betrachtet früher sterben als Frauen, werde ich vermutlich, so wie tausende Frauen, irgendwann alleine zurückbleiben. Auch darüber mache ich mir Gedanken, machen wir uns Gedanken. Offen. Für meinen Mann ist klar, dass er sich noch einmal eine Partnerin suchen würde, sollte ich vor ihm gehen müssen. Ein Leben alleine kann er sich nicht vorstellen, und ich würde ihm, von Herzen, wünschen, dass er noch einmal jemanden findet.

Aber wie würde ich ohne ihn leben wollen? Würde ich noch einmal eine Partnerschaft eingehen? Im Moment glaube ich, dass ich als Witwe, zum Abschluss meines Lebens, noch einmal etwas Neues wagen würde, etwas Anderes. Vielleicht mit anderen Frauen intergenerationell zusammen auf einem Beginenhof leben, also gemeinsam ein Stück Land bearbeiten, Aufgaben haben, Verantwortung übernehmen, sich gegenseitig Sicherheit und Geborgenheit geben.

Die Frage ist nur, kann ich ohne Erotik leben? Denn nicht nur die Sehnsucht nach Liebe endet nie, auch die Sehnsucht nach Erotik bleibt ein Leben lang, wie mir ein alter Herr einmal anvertraut hat.

Johann Dachs, neunzig Jahre alt und etwas wackelig auf den Beinen, steht unter der Dusche und hält sich mit beiden Händen an den Haltegriffen fest. Ich seife seinen Körper ein und spüle mit warmem Wasser nach. Danach stütze ich seinen Rücken und gebe ihm den Waschlappen in die Hand, damit er sein Genital waschen kann. Diskret wende ich danach meinen Kopf ab.

»Bitte, Schwester Sonja, nicht erschrecken, mein kleiner Johann ist gerade aufgewacht«, sagt plötzlich Johann Dachs sehr leise, in seiner Stimme vernehme ich Staunen wie auch Unsicherheit.

Herr Dachs und ich sind pflegemäßig ein gutes Team. Seit drei Jahren komme ich jeden Tag am Morgen und helfe ihm beim Duschen und Anziehen. Noch nie gab es dabei von seiner Seite eine Anzüglichkeit, noch nie eine unangenehme Berührung. Daher beschließe ich, Herrn Dachs von der gefühlten Peinlichkeit zu befreien und etwas Leichtigkeit in die Situation zu bringen.

»Ich finde, mit neunzig Jahren darf der große Johann auf die Morgenlatte des kleinen Johann ganz schön stolz sein«, sage ich mit fester Stimme und bin heimlich schon gespannt, was jetzt folgt.

Johann Dachs beginnt schallend zu lachen, meint: »Sie sind die Beste!«, klopft sich beim Lachen mit einer Hand auf den

Schenkel und ruft: »Ich bin auch sehr stolz auf meinen kleinen Lauser.« Im Nu hat sich die Peinlichkeit in einen Lachanfall verwandelt, beide stehen wir im kleinen Bad und schütteln uns, es dauert eine ganze Weile, bis unser Glucksen sich beruhigt.

Kurz bevor wir das Badezimmer verlassen, Herr Dachs hatte sich inzwischen noch die Zähne geputzt und ich habe ihm beim Anziehen geholfen, sagt er abschließend: »Danke für Ihre Reaktion. Sie müssen wissen, die erotische Fantasie stirbt nie. Und eigentlich ist das doch ganz wunderbar.«

Einsicht 10

Am Ende wird alles gut

»Was denken Sie, Schwester? Kann ich heute gehen?«, fragt mich Emilie Gruner, nachdem ich sie gewaschen, ihre Fistel am Gesäß versorgt und sie angezogen habe. Vor zwei Wochen hat Frau Gruner, die seit sieben Jahren im Seniorenheim lebt und immer sehr gesellig war, begonnen, sich in ihr Zimmer zurückzuziehen. Statt wie gewohnt zur Singstunde gefahren zu werden oder zum morgendlichen Sitztanz, wünscht Frau Gruner jetzt, obwohl es bei ihr zu keiner gesundheitlichen Veränderung kam, dass wir ihren Rollstuhl am Fenster platzieren, damit sie auf die große Wiese vor dem Seniorenheim blicken kann.

Vor zwei Wochen ist Emilie Gruner 93 Jahre alt geworden, ihre Familie hat mit ihr, wie jedes Jahr, den Geburtstag gefeiert. Wir sahen sie lachen, sie hielt zärtlich ihr Urenkelkind im Arm und aß lustvoll ihre Geburtstagstorte. Am Tag nach dem Geburtstag wollte sie das erste Mal nicht mehr ihr Zimmer verlassen.

Nachdem ich meine Pflegeutensilien weggeräumt und das Bett von Frau Gruner frisch bezogen habe, stelle ich mich zu ihr ans Fenster. Gemeinsam blicken wir ein paar Minuten schweigend auf die blühende Wiese und schauen einer Katze dabei zu, wie sie geduckt durchs Gras schleicht.

»Es ist alles getan, was getan werden musste. Ich bin jetzt bereit für die große Reise.« Während sie das sagt, wendet Emilie Gruner ihren Blick zu mir, schaut mir ins Gesicht und meint: »Sie werden lachen, aber ich freu' mich drauf, zu gehen.«

Als Altenpflegerin werde ich oft gefragt, wie ich zum Sterben und zum Tod stehe. Immer wieder holen sich Menschen bei mir auch Ratschläge, wie sie sich Schwerkranken oder Sterbenden gegenüber verhalten sollen. Erst kürzlich hat mich eine liebe Bekannte panisch kontaktiert, weil ihr Bruder, der im Sterben lag, sie noch einmal sehen wollte. Sie wollte wissen, was sie mit ihm reden sollte und wie sie mit ihrer Wut auf seinen frühen Tod umgehen könnte.

Viele Menschen wünschen sich, überraschend zu sterben und schnell, am liebsten im Schlaf. Sie haben Angst vor dem Prozess des Sterbens, vor dem bewussten Antritt der großen Reise und dem Durchleben des Sterbens. Viele haben Angst vor Leid, vor Schmerz und Pein. Diese Gedanken kann ich gut verstehen, vor Schmerz und langem Leid haben wir wohl alle Angst. Trotzdem möchte ich selbst gerne einmal sehr bewusst sterben, und ich hoffe genügend Zeit zu bekommen, um mich gut verabschieden zu können.

Als Pflegeperson habe ich den Vorteil, dass ich schon einige Male einen kleinen Blick auf das Sterben werfen konnte. Ich konnte beobachten, wie Menschen sich beim Sterben verhalten und wie sie nach dem Sterben aussehen. Fast alle, die ich sterben gesehen habe, hatten als Tote ein friedliches, ja oft ein richtig entspanntes und gelöstes Gesicht. Dieser erhaschte Blick lässt mich dem Tod und dem Sterben ohne Angst entgegensehen, denn ich habe den Eindruck gewonnen: am Ende wird alles gut.

Menschen beim Sterben begleiten zu dürfen, betrachte ich als Geschenk und reiche Erfahrung. Mir ist das Sterben dadurch nicht fremd, es ist mir sogar auf seltsame Weise vertraut geworden. Ehrlich gesagt bin ich sogar davon fasziniert. Das Sterben ist und bleibt ein Mysterium. Wir wissen nicht, was auf uns zukommt, wie es sich anfühlt zu gehen, was Sterbende durchleben, und wir haben keine Ahnung vom Ziel dieser Reise. Sicher, es gibt Menschen mit Nahtoderfahrungen, die von einem hellen Licht berichten und von empfundenen Glücksgefühlen. Aber haben sie wirklich das Sterben erlebt? Waren sie wirklich drüben?

Als ich etwa fünf Jahre alt war, hat mir mein Vater erklärt, unsere Welt würde ganz anders aussehen, als ich sie wahrnehme. Er hat mir einen Kochlöffel hingehalten und gemeint, den würden nur wir Menschen als harten Gegenstand sehen, in Wirklichkeit würde er aus kleinsten schwingenden Atomen bestehen, und alle Atome zusammen würden den Kochlöffel formen. Er erklärte mir außerdem, dass jedes Lebewesen nur sehen könne, was es zum Überleben und der Arterhaltung braucht, alles andere wäre für dieses Lebewesen unsichtbar und daher würden alle Lebewesen unsere Welt auch unterschiedlich wahrnehmen. Dann ließ er mich noch in den Himmel blicken und erzählte mir, dass da draußen Milliarden Sterne schweben würden und das Weltall unendlich wäre und es kein Mensch jemals durchreisen könne.

Ohne es zu merken, pflanzte mir mein Vater mit diesen Erklärungen mein ganz persönliches Weltbild in den Kopf. Viele Stunden meines Lebens habe ich danach in den Himmel geblickt und mir das unendliche Weltall vorgestellt, so lange, bis mir flau im Magen wurde. Deshalb liebe ich auch diese Kurzfilme, die aus dem Weltall heraus, es sind tausende Sterne zu sehen, immer weiter und weiter auf die Erde zoomen, die auf der Erde landen, weiterzoomen, immer weiter und weiter, in einen Gegenstand hinein und weiter und weiter, bis die Atome sichtbar werden, und der Zoom geht immer noch tiefer und tiefer, bis es am Ende wieder aussieht wie im Weltall.

Ich gehe davon aus, dass wir Menschen, trotz allem wissenschaftlichen Fortschritt, keine Ahnung davon haben, wie unsere Welt tatsächlich aussieht und funktioniert, weil auch wir nur wahrnehmen können, was unserem Überleben und der Arterhaltung dient. Unser Blick auf die Welt ist, so meine Sichtweise, stark eingeschränkt. Als Kind habe ich mich immer gefragt, ob wir Menschen vielleicht auch nur so etwas wie Atome und kleinster Bestandteil von etwas Großem sind. Kürzlich sah ich einen interessanten Film über Bienen, in dem ein Biologe erklärte, dass sich die Wissenschaft ernsthaft fragt, ob die einzelne Biene das Lebewesen darstellt oder ob nicht viel mehr der Bienenstock das eigentliche Lebewesen wäre, weil eine Biene alleine nicht überleben kann und der Bienenstock jedoch eine hochkomplex funktionierende Einheit ist.

Was meine Ausführungen mit dem Sterben und dem Ende zu tun haben? Nun, wenn wir nicht wissen, wie das Leben funktioniert, wer wir sind, welchen Platz wir auf dieser Welt haben, wie diese Welt wirklich aussieht, wie sollen wir dann verstehen können, was Sterben bedeutet und ob es nach dem Tod zu Ende ist oder irgendwie weitergeht? Religionen bieten aus meiner Sicht hierfür Metaphern an, Bilder, die unsere Welt zu erklären versuchen, Religionen geben Trost und ein Stück Hoffnung. Aber wie diese Welt, in der wir Menschen nicht mehr sind als ein winziges kleines Staubkorn, wirklich aussieht, wie der höhere Zusammenhang ist, was es mit dem Sterben auf sich hat, welche Rolle der Tod spielt, das alles kann uns niemand zuverlässig erklären. Wir wissen nach wie vor einzig, dass wir nichts wissen, wie Platon formulierte.

Jeder Mensch durchläuft, so er nicht plötzlich aus dem Leben gerissen wird, fünf Sterbephasen. Beschrieben hat diese Sterbephasen 1969 die amerikanisch-schweizerische Ärztin Elisabeth Kübler-Ross. Die erste Sterbephase nannte Kübler-Ross »Nicht wahrhaben wollen« und beschrieb, dass Sterbende zu Beginn des Sterbeprozesses unter Schock stehen, der nahende Tod ist außerhalb der eigenen Vorstellungskraft, er wird daher verdrängt, und die Menschen konzentrieren sich auf die Hoffnung und planen ihre Zukunft weiter. Als Phase zwei folgt »Zorn«, hier wird die Enttäuschung ausgedrückt, im Mittelpunkt stehen Wut und Ärger über die eigene Situation, aber auch Wut auf Menschen, die weiterleben dürfen. Häufig kommt es in dieser Phase auch zu Schuldzuweisungen an Ärzte oder Pflegepersonen. Die dritte Phase nannte Kübler-Ross das »Verhandeln«. Sie dauert meistens nur kurz, der Mensch anerkennt seinen baldigen Tod, verhandelt aber mit Medizin, mit Gott oder seinem Schicksal um noch etwas Zeit. In der Phase vier, Kübler-Ross nannte sie die »Depressive Phase«, trauert der Mensch und nimmt Abschied. Er hat immer noch ein klein wenig Hoffnung, aber er weint um die Dinge, die er versäumen und um die Menschen, die er verlieren wird. In dieser Phase regeln Sterbende häufig ihre Angelegenheiten, sie wollen etwa ein Testament verfassen, wollen jemanden noch ein letztes Mal sehen oder sich mit jemandem aussöhnen. In der fünften und letzten Phase, laut Kübler-Ross die »Akzeptanz«, nimmt der betroffene Mensch sein Schicksal an, zieht sich zurück, fühlt sich oft müde und erschöpft, will keine Ablenkungen mehr, eventuell beginnt er auch Essen und Trinken einzustellen. In dieser letzten Phase haben Sterbende kaum bis kein Interesse mehr am Außen, sondern richten ihren Blick nach innen, in ihre innere Welt, und erwarten den Tod. Jetzt erst spricht die Medizin von einem sterbenden Menschen, für Mediziner befindet er sich jetzt in der sogenannten Terminalphase.

Die fünf Sterbephasen nach Kübler-Ross durchlaufen alle Menschen in unterschiedlichem Tempo und auf individuelle Weise. Kein Tod gleicht dem anderen, jeder Mensch stirbt seinen individuellen Tod. Manche Menschen überspringen auch einmal eine Phase oder wiederholen eine andere. Ich habe sterbende Menschen erlebt, die gingen im Eilzugstempo, innerhalb eines Tages, durch alle Phasen durch, und ich habe andere erlebt, bei denen der Prozess Monate dauerte. Manchmal verweilen Sterbende in einer Phase sehr lange und durchlaufen die anderen Phasen dann zügig. Ein Freund von mir, er war krebskrank, ist etwa bis eine Stunde vor seinem Tod in der ersten Phase verblieben, er wollte seinen Tod nicht wahrhaben, wollte die Hoffnung nicht aufgeben. Als er die Hoffnung aufgab, durchlebte er Zug um Zug die anderen Phasen und schlief am Ende friedlich ein. Eine jüngere Frau, die ich einmal in der Hauskrankenpflege betreut habe, sie war

Mutter einer siebenjährigen Tochter, verblieb lange Zeit in der Phase der Depression, ihr Abschiednehmen dauerte Monate. Sie trauerte intensiv mit ihrem Mann, nahm seine Trauerarbeit mit ihm gemeinsam vorweg und schrieb zehn Briefe an die Tochter, je einen Brief für die nächsten zehn Weihnachtsfeste. Erst nach dem letzten Brief war sie bereit für die Phase der Akzeptanz und starb. Meine Freundin Elise, sie war an AIDS erkrankt, war wochenlang im Zorn verhaftet, sie war ungerecht, hat ihr Umfeld richtig schikaniert, es tat weh, mit ihr in Kontakt zu sein. Am Ende ist aber auch sie, wie mir ihre Familie berichtete, friedlich eingeschlafen.

Emilie Gruner, meine 93-jährige Seniorenheimbewohnerin, war nach einem langen Leben auch in dieser letzten Phase angekommen. Sie war bereit für die große Reise, wie sie es nannte, und zog sich in ihr Zimmer zurück. Etwa zwei Wochen nach unserem gemeinsamen Blick aus dem Fenster, hörte sie auf zu essen und zu trinken. Wieder zwei Wochen später starb sie, mit einem friedlichen Gesicht.

Hochbetagte Menschen, die darauf warten, sterben zu dürfen, sind Alltag in der Altenpflege. Die Gründe dafür sind vielfältig. Meist ist es ein Konglomerat an Gründen, die den Wunsch zu sterben auslösen. Körperliche Einschränkungen, Schmerzen, das Gefühl, im alten Körper gefangen zu sein, die Sorge, eine Last zu sein, und der Verlust aller Freunde. Eine alte Dame meinte einmal zu mir: »Es tut weh, wenn alle vor dir gegangen sind und du als Einzige übrig geblieben bist. Dann wird es einfach Zeit.«

Wer keinen Kontakt zu Menschen hat, die ihre letzten Schritte gehen, mag diese Beschreibung als trist erleben, als

Ausdruck von Hoffnungslosigkeit. Tatsächlich muss, und das ist eine Aufgabe der Altenpflege und der Medizin, hier auch genau hingesehen werden. Will jemand nur sterben, weil er Schmerzen nicht mehr erträgt oder weil er das Gefühl hat, seiner Würde beraubt worden zu sein, dann sind Medizin und Pflege gefragt, diese Situation möglichst zu ändern.

Beschließt jemand aber sich jetzt dem Sterben zuzuwenden, einfach weil für ihn die Zeit gekommen ist, heißt jemand im hohen Alter den Tod willkommen, dann schließt sich aus meiner Sicht der Kreis, dann geht einfach ein Leben zu Ende.

Das Sterben ist ein Teil des Lebens. Also ist auch das Bedürfnis, sterben zu wollen, Teil unseres Lebens. Wenn alles gesagt ist, alles getan und alles gelebt ist, wenn dazu der Körper schwer wird und der Mensch alleine zurückgeblieben ist, dann kann der Zeitpunkt des Abschiedes gekommen sein. Alte Menschen, die diesen Punkt erreicht haben, haben keine Angst mehr vor dem Sterben. Sie sind auch nicht deswegen verzweifelt, im Gegenteil, sie sind meistens ruhig und gelassen. Sie sehnen den Tag herbei und ahnen ihren nahen Tod.

Wie an jedem Morgen der letzten zwei Wochen, besuche ich kurz die 96-jährige Antonia Kollmann im Seniorenheim. Fünf Jahre lang habe ich die alleinlebende Dame, in letzter Zeit bis zu dreimal täglich, zu Hause gepflegt. Als der Pflegebedarf zunahm und sie auch nachts mehrmals gedreht werden musste, um nicht wundzuliegen, übersiedelte Frau Kollmann ins Seniorenheim, welches gleich bei ihr um die Ecke lag. Da ich jeden Morgen, auf dem Weg zu einem Patienten, an diesem Seniorenheim vorbeifahre, schaue ich täglich bei ihr vorbei. Antonia Kollmann hat keine Angehörigen, also schenke ich ihr ein paar Minuten, ein paar Sätze, halte kurz ihre Hand. Fünf Jahre tägliche Pflege verbinden einfach.

»Wenn ich heute sterben würde, würden Sie mich nie vergessen. Richtig, Schwester Sonja?«, fragt sie mich eines Tages und lächelt mich an. Wir haben immer viel über den Tod geredet, Frau Kollmann und ich. Sie scherzte gerne über Gevatter Tod, es war, als hätte sie keinen Respekt vor ihm. »Sie werden sehen, mich erwischt er nicht im Schlaf. Ich trete ihm aufrecht, singend und lachend entgegen«, pflegte sie dabei gerne zu sagen.

»Wieso heute?«, frage ich Frau Kollmann, die zu meiner Überraschung antwortet: »Na, weil Sie heute Geburtstag haben. Sie werden doch dreißig.« Ich bin kurz sprachlos, versuche mich zu erinnern, wann ich ihr meinen Geburtstag genannt habe und sage dann: »Stimmt. Aber Sie müssen heute nicht sterben, um in meiner Erinnerung zu bleiben. Ich vergesse Sie auch so nicht.« Danach halten wir uns ein paar Minuten an den Händen und schweigen zusammen. Als ich mich von Frau Kollmann verabschiede, sagt sie: »Danke für Alles.«

Ich fahre weiter zu den nächsten drei Patienten, danach besuche ich eine Freundin zum Kaffeeklatsch. Frau Kollmanns Aussage geht mir den ganzen Tag nicht aus dem Kopf. Als ich abends nach Hause komme, hat mein Mann zu meiner Überraschung ein kleines Geburtstagsfest organisiert und ein paar Freunde eingeladen. Wir essen und trinken zusammen, ich erhalte Geburtstagsgeschenke, es wird über mein Alter gescherzt. Plötzlich, es ist kurz nach zehn Uhr, überfällt mich unendliche Traurigkeit, es ist, als würde ich aus dem Lachen ins Weinen gleiten, die Traurigkeit überwältigt mich. Abrupt stehe ich auf, entschuldige mich kurz und ziehe mich ins Schlafzimmer zurück. Dort weine ich eine Weile und trauere um Antonia Kollmann, denn ich ahne, sie ist in diesem Moment verstorben. Danach gehe ich zurück zu meinen Gästen, zu meinem dreißigsten Geburtstagsfest.

Am nächsten Morgen fahre ich wie gewohnt ins Seniorenheim und erwische gerade noch die Nachtdienstschwester, wie sie eben den Dienst beenden will. Sie teilt mir sofort mit, dass Frau Kollmann verstorben ist und schaut mich überrascht an, als ich ihr erkläre: »Ja, ich weiß, kurz vor zehn Uhr.« Danach erzähle ich ihr von meinem abendlichen Erlebnis und bitte sie, mir zu berichten, wie Frau Kollmann diese Welt verlassen hat.

Antonia Kollmann wollte am Abend ihres Todes auf keinen Fall zu Bett gehen, sondern am Gang in der Nähe des Dienstzimmers sitzen. Außerdem bestellte sie einen Grog, einen starken Grog, also einen mit richtig viel Rum. Nach dem ersten Grog begann sie zu singen, laut und voll Inbrunst. Danach bestellte sie einen zweiten und sang weiter. Kurz vor zehn Uhr drehte die Nachtschwester ihre letzte Runde vor der langen Nacht und nahm sich gerade vor, mit Frau Kollmann am Ende der Runde darüber zu reden, dass ihr Singen die anderen Bewohner stören würde, da brach der Gesang plötzlich ab. Als die Nachtschwester ein paar Minuten später ins Dienstzimmer eilt, um etwas zu erledigen, sieht sie Antonia Kollmann zusammengesackt in ihrem Rollstuhl, mit lachendem Gesicht. Sie ist tot.

Von all den Menschen, die ich sterben gesehen habe, war nur ein Mensch dabei, dessen Tod mich verstört hat. Doch es war in diesem Fall nicht der sterbende Mensch, der mich danach noch wochenlang beschäftigte und mir schlaflose Nächte bescherte, sondern es waren seine Angehörigen. Es waren die Ehefrau und die Tochter des Sterbenden, die es in ihrer eigenen Trauer nicht schafften, den Ehemann und Vater in Frieden gehen zu lassen, die sein Sterben nicht akzeptierten, die ihn anflehten, sie nicht zu verlassen, die ihm im Sterben noch Vorwürfe machten und den behandelnden Arzt dermaßen unter Druck setzten, dass dieser, fünf Minuten vor Eintreten des Todes, den Sterbenden noch intubierte und zu beatmen begann. Ich hätte weinen können. Ich hätte schreien können. Wie kann jemand nur so egoistisch sein? Wie kann jemand nur so blind und so wenig einfühlsam sein? Ich habe nächtelang von diesem Mann geträumt.

Wir Altenpflegepersonen wünschen all unseren anvertrauten Menschen am Ende des Weges einen friedlichen Tod. Im Unterschied zu Kolleginnen auf Geburtenstationen oder Neonatologien, Kollegen auf Neurologien oder Intensivstationen, erleben wir in unserer Arbeit keine Erfolge im klassischen Sinn. Niemand unserer Heimbewohner wird vom Alter geheilt, keine alte Klientin der Hauskrankenpflege kann plötzlich wieder wie ein Wiesel laufen. Unsere Erfolge, von denen wir Altenpflegekräfte Energie schöpfen, für die weitere Arbeit, sind die vielen schönen menschlichen Begegnungen mit alten Menschen, und es ist der würdevolle Tod, für den wir versuchen, den Rahmen zu gestalten. Nicht immer wird dieser Rahmen angenommen, manchmal gehen Menschen überraschenderweise auch ganz andere Wege. Ich erinnere mich etwa an den Bewohner, der alleine sterben wollte, der auf keinen Fall seine Frau dabei haben wollte. Das war durchaus eine Herausforderung, für mich persönlich wie auch im Umgang mit der untröstlichen Ehefrau. Wenn jemand in Frieden einschlafen kann, dann ist auch für uns am Ende alles gut, dann können auch wir von diesem Menschen Abschied nehmen.

Menschen beim Sterben zu begleiten, Familien beim Sterben eines Familienmitgliedes beizustehen, gehört zu den großen erfüllenden Momenten einer Altenpflegerin.

Maria Grill liegt im Sterben. Ihre Tochter Andrea, die sie in den letzten fünf Jahren zu Hause gepflegt hat, weicht seit acht Stunden nicht von ihrer Seite. Wir haben vereinbart, dass ich alle zwei Stunden vorbeikomme und außerdem telefonisch erreichbar bin, auch mit dem Hausarzt ist die Tochter in Kontakt. Als ich sehe, dass bei Maria Grill bereits ab und zu die Atmung aussetzt, beschließe ich zu bleiben.

Seit etwa einer Stunde schaut die sterbende Frau der Tochter mitten ins Gesicht. »Ich glaube, sie will mir etwas sagen«, flüstert die Tochter Andrea, legt den Kopf kurz auf die Brust der Mutter und weint: »Bitte Mama, lass los. Du darfst wirklich gehen.« Danach schauen sich Mutter und Tochter wieder in die Augen.

Als ich hinter die Tochter trete, spüre ich einen Impuls und folge ihm. Ich nehme beide Hände der Tochter, lege sie an die Wangen der Mutter und umschließe mit meinen Händen ihre Hände und das Gesicht der Mutter. Der Blick der sterbenden Frau verändert sich merklich, sie scheint zu lächeln, die Tochter schluchzt auf. Als ich, erneut aus einem Impuls heraus, etwas den Druck mit den Händen erhöhe, die Tochter und ich damit den Kopf der sterbenden Mutter etwas fester halten, schließt die alte Dame die Augen, atmet noch einmal tief ein und lässt los.

Oft werde ich gefragt, ob Pflegepersonen auch um ihre Bewohner oder Klientinnen trauern. Selbstverständlich trauern wir, berührt uns der Tod der alten Menschen. Wir trauern nicht um jeden Mensch gleich, weil mir als Pflegerin nicht jeder Mensch gleich nahe kommt. Aber um jene Menschen, mit denen ich eng in Kontakt war, deren Lebensgeschichte ich erfahren habe, denen ich Trost und Nähe gegeben habe, um diese Menschen habe auch ich immer getrauert. Wir Pflegepersonen müssen ebenfalls unseren Abschied von den Menschen finden. Wir gehen auf Begräbnisse, um das letzte Mal die Ehre zu erweisen. Wir weinen alleine im Auto, wenn ein Mensch zu Hause stirbt und wir die Familie begleitet haben. Wir zünden Kerzen im Dienstzimmer an, und manche Kolleginnen beten auch. Jede Pflegeperson hat ihre Rituale, um mit dem Tod eines alten Menschen umzugehen.

Ich glaube daran, dass es nach dem Sterben weitergeht, irgendwie. Für mich selbst habe ich das Bild des Schmetterlings entwickelt. Der alte, pflegebedürftige Mensch befreit sich durch das Sterben von seinem Körper, der zu einem Kokon geworden ist, und verlässt ihn, zieht weiter, fliegt davon. Ich hatte oft, nach Eintreten des Todes, das Gefühl, noch die Energie des Menschen im Raum zu spüren. Deshalb öffne ich meistens nach einiger Zeit weit das Fenster, damit die Seele des Verstorbenen davonfliegen kann, wenn sie möchte. Sterben ist für mich einer Geburt ähnlich. Ich bin mir sicher, ein Baby im Mutterleib meint auch zu sterben, wenn die Wehen plötzlich einsetzen und es durch den engen Geburtskanal gedrückt wird. Sterben ist für mich ein Übergang in eine andere Welt. Wie auch immer diese Welt und das nächste Leben aussehen wird.

Tröstlich finde ich, dass wir Menschen am Ende des Lebens wieder alle gleich sind. Egal ob reich oder arm, ob gut oder böse, ob Christ, Moslem, Buddhist oder Atheist, jeder Mensch muss durch dieses Tor in die unbekannte Welt gehen. Am Ende gehen wir alle den gleichen Weg, und wir gehen ihn alle nackt, so wie wir gekommen sind. Der Tod bringt die Gerechtigkeit zurück, und der Tod ist das einzig Sichere im Leben. Auch deshalb wird, aus meiner Sicht, am Ende alles gut.

Es gibt noch einen Faktor, der meine Erfahrungen bestätigt, mich ahnen lässt, dass am Ende wirklich alles gut wird. Die Gerichtsmedizinerin Edith Tusch-Bauer hat in einem Interview im März 2015 für die österreichische *Kronenzeitung* auf die Frage, ob sie als Gerichtsmedizinerin ein anderes Verhältnis zum Tod habe, gemeint: »Durch meine Forschungstätigkeit weiß ich auch, wie hoch der Endorphin-Ausstoß durch die Stresshormone beim Sterben ist. Das zeigt, dass das Hinübergleiten sanft und nichts ist, vor dem man sich fürchten muss.«

Die Endorphine regeln im menschlichen Körper Empfindungen wie Hunger oder Schmerz, wir brauchen sie zur Bewältigung von Notfallsituationen. Endorphine haben aber auch eine euphorisierende Wirkung, darum werden sie auch als Glückshormon bezeichnet. Am Ende des Lebens werden wir also umspült vom Glückshormon Endorphin. Wie wunderbar die Natur das doch eingerichtet hat. Seit diesem Interview stelle ich mir vor, dass ich am Ende meines Lebens die Euphorie-Welle reiten werde. Es wird am Ende also wirklich alles gut.

Wie ich mein eigenes Älterwerden leben will

Oft werde ich gefragt, ob ich selbst vor dem Altwerden Angst hätte, weil ich doch so viel Hilflosigkeit und Leid in meinem Beruf als Altenpflegerin gesehen hätte.

Wie fast alle Menschen habe auch ich Angst davor, im Alter hilflos zu werden, nicht mehr selbst über mein Leben bestimmen zu können, in eine Inkontinenzhose pinkeln zu müssen und mir meinen Hintern von einer fremden Person putzen lassen zu müssen. Gar keine Frage. Ich hoffe inständig, dass eine mögliche pflegebedürftige Phase in meinem Leben von kurzer Dauer sein wird und ich in dieser Zeit respektvoll behandelt werde.

Alter geschieht aber zum Glück langsam, es ist ein Prozess, niemand wird von heute auf morgen alt. Daher kann Altwerden auch gelernt werden.

Vor einiger Zeit lief im deutschen Fernsehen der etwas rührselige Film »Sein gutes Recht« mit Thekla Carola Wied und Matthias Habich in den Hauptrollen. In diesem Film ging es um eine Frau und einen Mann, die in der Jugend befreundet waren, sich aus den Augen verloren, sich im Alter wieder treffen und erneut verlieben. Kurz nach dem Kennenlernen wird klar, der Mann leidet an Demenz.

Was mich an dem Film besonders berührt und noch lange beschäftigt hat, war ein einzelner gefallener Satz. Als der leicht demente Mann versucht, die sich um ihn kümmernde alte Freundin von sich wegzustoßen, weil er sich und seinen geistigen Verfall niemandem zumuten möchte, sagt die liebende Frau diesen einen großen Satz: »Verfallen müssen wir lernen.«

Mir ist bei dieser Aussage fast die Luft weggeblieben. Sie ist so schonungslos und gleichzeitig so kraftvoll, ja sogar hoffnungsvoll und bringt die Herausforderung des Alterns auf den Punkt. Mir fielen sofort die vielen Frauen ein, mit denen ich rund um meinem fünfzigsten Geburtstag übers Altwerden diskutierte und die mir mitteilten, dass am »Altwerden und am Verfall« nichts, aber schon gar nichts positiv wäre.

Diese Assoziation der Frauen, »Altwerden ist Verfall«, hat mich richtig schockiert. Natürlich hat das Altwerden auch sehr unangenehme Seiten, wer wenn nicht ich als langjährige Altenpflegerin kann davon ein Liedchen singen. Aber die Vorstellung, dass jemand sein Altwerden ausschließlich als Verfall betrachtet, hat mich schwer verstört. Undenkbar für mich.

»Verfallen müssen wir lernen.« Im Film sagt ihn die liebende Frau zu dem dement gewordenen Mann. Ich empfand den Satz als unglaublich zärtlich, er hatte so viel Liebe in sich. Wollen wir Menschen nicht alle geliebt werden? Selbst dann, wenn wir nicht mehr strahlende Siegerinnen sind? Ein Leben lang geht es, neben der Suche nach der Liebe des Lebens, aber auch um die Selbstliebe. Sich selbst mögen, sich selbst gut finden, wertschätzen, sich selbst lieben. Das ist doch auch für jeden von uns ein Lebensthema.

Ich habe deshalb beschlossen, mich in meinem Alternsprozess zu mögen und zu stärken. Deshalb habe ich den mich so sehr berührenden Satz für mich umformuliert, zu einem Zielsatz, er lautet: »Verfallen werde ich lernen.« Er ist ein Appell an mich selbst, mit mir und meinem Älterwerden liebevoll umzugehen. Ich bin als 50-Jährige noch ein Stück entfernt vom »Verfall«, aber irgendwann werde ich, sollte ich das Glück haben, so lange zu leben, ebenfalls mein Alter deutlich spüren und sehen. Ich weiß, dass es ein sehr schmerzhafter Prozess ist, zu erfahren wie der Körper immer mehr abbaut und dass ich irgendwann vielleicht sogar für die einfachsten Dinge im Leben Hilfe brauchen werde. Mit meinem kleinen Satz »Verfallen werde ich lernen« gehe ich aber durchaus zuversichtlich ins Alter und bin davon überzeugt, dass ich auch den letzten Abschnitt meines Lebens gut meistern werde.

Bis dahin habe ich noch einige Zeit und zum Glück habe ich in meinem Leben nicht nur alte Menschen gesehen, die pflegebedürftig waren, sondern auch viele hochbetagte Menschen, die jenseits der Neunzig noch ein selbstständiges und agiles Leben gelebt haben. Altwerden heißt nicht automatisch auch pflegebedürftig zu werden. Ab dem achtzigsten Lebensjahr steigt zwar das Risiko, pflegebedürftig zu werden. Rund 45 Prozent der über 80-Jährigen brauchen Hilfe, aber diese Zahl besagt auch, dass 55 Prozent der über 80-Jährigen alleine und selbstständig ihr Leben gestalten. Gemeinerweise wird diese Zahl nicht kommuniziert, sondern nur Panikstimmung verbreitet.

Mir fallen sofort viele hochbetagte Menschen ein, die ein gutes und selbstbestimmtes Leben führten. Ich erinnere mich etwa an eine hundertjährige Frau, die jeden Tag selbst ihre Einkäufe tätigte und entrüstet über mich war, als ich sie fragte, wer sie im Alltag unterstützen würde. Mir fällt die achtzigjährige, kürzlich erblindete Frau ein, die ich im Kosmetikstudio kennenlernte, als sie sich Permanent-Makeup anbringen ließ, weil sie sich jetzt selbst nicht mehr schminken konnte, aber weiterhin gut aussehen wollte. Mir kommt jene alte weißhaarige Dame um die Neunzig, gekleidet in schwarzem Hosenanzug mit einem sonnengelben Umhang, in den Sinn, die auf einer Vernissage, alleine auf der Tanzfläche und in sich versunken, Samba tanzte. Ich konnte meinen Blick nicht von ihr lassen. Wenn ich an mein eigenes Altwerden denke, dann orientiere ich mich vor allem an diesen Frauen.

Ich habe mir vorgenommen, mit positivem Blick in mein Älterwerden zu gehen. Was nicht bedeutet, dass ich alle Veränderungen mit Freude begrüßen werde. Meine Marionettenfalte, meine Gewichtszunahme und meine hässlich gewordenen Oberarme erfreuen schon heute meinen Anblick auf Fotos nicht wirklich. Aber was ist die Lösung? Mich verkriechen und verstecken? Nichts da, ich gehe hoch erhobenen Hauptes in mein Älterwerden. Älter zu werden hat auch positive Seiten. Meine Erfahrungen nimmt mir etwa keiner mehr, sie sind mein Schatz. Ich bin ruhiger und gelassener geworden, muss nicht mehr immer vorne in der ersten Reihe stehen, das spart Kraft und Energie. Heute weiß ich endlich, was ich will und vor allem was ich nicht will und habe gelernt, nein zu sagen. Ich kenne den Unterschied zwischen wichtig und unwichtig. Was für ein Gewinn in meinem Leben. Manche

Frauen beklagen, dass sie irgendwie unsichtbar geworden sind, vor allem bei Männern. Nun, ich bin eigentlich dankbar dafür, für viele Männer jetzt unsichtbar zu sein. Zu Beginn hat es mich irritiert, aber jetzt genieße ich es. Keine blöde Anmache mehr, kein heimliches Begrapschen in der U-Bahn mehr, kein geiler Blick mehr ins Dekolleté. Als vollbusige Frau war ich da in meinem Leben einiges gewöhnt. Alles vorbei. Juhuu!

Um voller Kraft und mit Lust ins Älterwerden zu gehen, habe ich mir ein paar Leitlinien aufgestellt, sozusagen meine Tipps an mich selbst.

❁ *Tipp 1: Lächeln, lächeln, lächeln.*

Was gibt es Schlimmeres als diese Falten, die von weitem schon einen griesgrämigen Blick aufs Leben erkennen lassen. Da draußen rennen viele Leute mit solchen Falten herum oder sind am besten Weg, sie bald zu bekommen. Manchmal staune ich über so viel miese Laune, so viel Neid und Grant.

Ich habe mir vorgenommen, einmal viele Lachfalten zu haben, ich werde als alte Frau tausende Falten im Gesicht tragen, die von meiner Lebensfreude erzählen. Deshalb lächle ich die frustrierte Frau an der Bushaltestelle an, ich zeige mein Lächeln dem missmutigen Manager in der Bahn, und dem hupenden Autofahrer zeige ich ebenfalls mein breites Lächeln, wenn ich mit dem Fahrrad im Stau an ihm vorbeifahre. Das Leben ist wunderbar. Und mit einem Lächeln ist es noch wunderbarer.

❁ *Tipp 2: Farbe macht gute Laune.*

Wie immer mehr älter werdende Frauen pfeife ich auf Konventionen und Anpassung. Ich bin sogar davon überzeugt, dass das zunehmende Alter modemäßig befreit. Langsam wird es mir mehr und mehr egal, was andere denken. Bald muss ich auch nicht mehr überlegen, ob meinem potentiellen Auftraggeber wohl mein Outfit gefällt. Dann kann ich in Sachen Mode ganz bei mir ankommen und meiner Lust auf Mode freien Lauf lassen. Ein lila Hut zum gelben Mantel, orangefarbene Leggings zur blitzblauen Tunika, protzige Ketten, schillernde Broschen, bunte Strumpfhosen, ein cooler Undercut im Haar und rote Lippen. Grau wird irgendwann mein Haar sein, aber nicht mein Auftritt.

❁ *Tipp 3: Leben im Augenblick und jetzt*

Wenn du realisierst, dass dein Leben begrenzt ist, und das habe ich zu meinem fünfzigsten Geburtstag kapiert, dann wird der Augenblick kostbar. Was regen wir uns über Dinge auf, die bereits vergangen sind. Wie oft fürchten wir uns vor Dingen, die noch gar nicht da sind. Was für eine Vergeudung von Lebensenergie. Es gibt so viele schöne, ja wunderbare Momente, die es Wert sind, wahrgenommen zu werden und die uns Energie geben. Das lachende Kind in der Straßenbahn, das Gänseblümchen am Wegrand, die zwei kichernden Freundinnen im Café, der mich anlächelnde Mann am Markt, der mir durchs Haar fahrende Wind. Es gibt im Leben immer auch schöne Momente, selbst wenn die Welt gerade dunkel erscheint. Seit ich begonnen habe, mein tägliches Glück in einem Foto festzuhalten – ich sammle jeden Tag auf diese Weise einen Glücksmoment – ist mein Tag voll mit kostbaren Augenblicken.

❋ Tipp 4: Lust und Freude im Leben

Jede Frau kennt das: Du hättest im Café Lust auf ein Stück Torte, aber da ist das Wissen um die Kalorien und ihre Auswirkungen auf das ohnehin steigende Gewicht. Seien wir ehrlich, das Leben ist zu kurz für ewige Verbote und Kasteiung. Größe 38 macht nicht wirklich glücklicher als Größe 44. Daher Schluss, Aus und Ende mit den Entsagungen, dafür her mit dem Stück Sachertorte und bitte mit viel Schlagobers. Was zählt, ist der Moment, morgen kann ich ja ein Butterbrot weniger essen. Lust auf Tanzen? Na dann die Lieblings-CD eingeschoben und los geht's. Oder gleich einen Salsa-Kurs buchen. Wann, wenn nicht jetzt?

❋ Tipp 5: Neues wagen, Verrücktes tun

Wie oft in meinem Leben wollte ich etwas Verrücktes tun, habe mich dann aber nicht getraut. Dabei gibt's nichts zu verlieren, aber alles zu gewinnen. Vor allem Adrenalin und gute Laune. Nackt im Freibad schwimmen zu gehen bei Vollmond. Einen Berg besteigen, am Gipfel nächtigen und den Sonnenaufgang erwarten. Sich einen Schmetterling auf die Schulter tätowieren lassen oder ein Aktshooting bei einem Fotografen buchen. Ja, auch in meinem Alter! Bäume umarmen, Saxophonspielen vorm Stephansdom, ein Buch schreiben. Es gibt vieles zu erleben.

❀ Tipp 6: *Kontakt zu jüngeren Menschen*

Studien zeigen, dass ältere Menschen häufig vor allem mit Menschen ihres Alters in Kontakt sind und dem Kontakt zu Jüngeren aus dem Weg gehen. Stimmt, manchmal sind junge Leute echt anstrengend und vieles, was sie gerade erleben, haben wir Älteren zum Glück hinter uns gelassen. Trotzdem, ich liebe den Kontakt zu jungen Menschen. Warum nicht auch im Alter auf ein Poetry-Slam-Festival gehen, an einem Rock-Seminar teilnehmen oder eine Street-Art-Aktion besuchen? Ich finde junge Menschen spannend und erfreue mich daran zu sehen, wie sie diese Welt erobern. Außerdem stärke ich gerne junge Frauen, sporne sie an, mache ihnen Mut. Sicher, manchmal werde ich schräg angesehen nach dem Motto: »Was will denn die Alte hier?«, aber das legt sich meistens rasch, und später finden sie mein Interesse an ihrer Welt eher cool und ich höre Aussagen wie: »Finde ich super, dass du mitmachst. Meine Mutter würde nie an so etwas teilnehmen.«

Anti-Aging und ein altbackenes Bild von Alter ist sicher nicht meine Welt. Die Schönheitschirurgie wird an mir kein Geld verdienen und die Kosmetikindustrie auch nicht. Mich werden meine Falten ab und zu ärgern, ich werde mich immer wieder einmal über meine Dellen am Oberschenkel aufregen und mit Sicherheit werde ich über schmerzende Knie oder Schultern fluchen. Aber ich werde nicht an meinem Älterwerden verzweifeln. Das habe ich mir selbst versprochen.

Brief an die Altenpflege

Liebe Kollegin, lieber Kollege,

als ich vor einigen Monaten begonnen habe, meine Geschichten über Begegnungen in der Altenpflege online auf einer Blogger-Plattform zu veröffentlichen, erntete ich im Kollegenkreis zwei Reaktionen. Die einen waren von meinen Geschichten berührt, meinten ähnliche Begegnungen erlebt zu haben und freuten sich über die Art und Weise, wie ich Altenpflege an die Öffentlichkeit trage. Die andere Gruppe attackierte mich, warf mir vor, die schlechten Rahmenbedingungen in der Altenpflege zu bagatellisieren, ja sogar zu verharmlosen. Die Frage, wann ich zuletzt »am Bett« gearbeitet habe, stand sofort im Raum, wie auch die Aussage, dass für diese Art von Begegnungen, von denen ich erzähle, heute keine Zeit mehr ist.

Ich nehme daher das Schlusswort des Buches zum Anlass, auf diese Vorwürfe und Fragen, mit denen ich auch nach der Buchveröffentlichung erneut rechne, einzugehen.

Altenpflege hat viele Facetten, und ich schätze mich glücklich, Altenpflege in all diesen Facetten ausgeübt zu haben. Ich habe mehr als zehn Jahre in der Hauskrankenpflege gearbeitet, mehrere Monate in Seniorenheimen, und einige Jahre habe ich pflegende Familien beraten. Seit beinah 15 Jahren bin ich selbstständige Trainerin und Projektleiterin für Altenpflege. Als diese arbeite ich in diversen Projekten mit Altenpflegeteams, meistens geht es um Qualitätsentwicklungen oder um Pflegecoaching, und erhalte damit ebenfalls Einblick in die derzeitigen Rahmenbedingungen der Altenpflege. Fünf Jahre habe ich mich zudem politisch zu diesem Thema engagiert, eine überaus lehrreiche Zeit. Dazu unterrichte ich in mehreren Krankenpflegeschulen und pflege enge Kontakte zu Menschen, die in der Altenpflege arbeiten. Mein Blick auf Altenpflege ist daher bunt, vielfältig und aktuell.

Warum dieses Buch nicht die Rahmenbedingungen in der Altenpflege anprangert, ist schnell erklärt. Es wäre nicht das Buch gewesen, welches ich hätte schreiben wollen. Meine Motivation war, den Menschen da draußen zu erzählen, was Altenpflege ausmacht und warum ich meinen Beruf liebe. Nicht mehr und nicht weniger. Daher ist mein Buch auch sehr persönlich geworden und keine berufspolitische Streitschrift.

Der Faktor Zeit: Solange ich denken kann, beklagt die Altenpflege, dass sie zu wenig Zeit hat. Sie hat angeblich immer weniger Zeit. Ich will den Druck in der Pflege, der vor allem in Deutschland massiv gestiegen ist, nicht klein reden. Was da teilweise passiert, ist ein Skandal, keine Frage. Altenpflege wird zur Fließbandarbeit. Und trotzdem glaube ich, dass es nicht nur die mangelnde Zeit ist, die uns davon abhält, mit alten Menschen wirklich in die Begegnung zu gehen. Es hat auch etwas mit uns zu tun, mit Angst vor zu viel Nähe, mit Angst vor Schmerz, mit dem Glauben, wir müssten uns abgrenzen und schützen, aber auch mit Bequemlichkeit und unreflektierter

Routine. Erst kürzlich erzählte mir eine junge Diplompflegerin, die voll Freude in einem Seniorenheim zu arbeiten begonnen hatte, wie sie eines Tages hochmotiviert die morgendliche Frühstückspause des Personals früher beendete, um mit einer einsamen Bewohnerin etwas Erinnerungsarbeit zu machen, und wie sie dabei von einer älteren Kollegin niedergemacht wurde, mit den Worten: »Na, willst dich vielleicht profilieren? Das treiben wir dir hier schon noch aus.«

Altenpflege ist für mich vor allem Wahrnehmung und Begegnung. Für diese Wahrnehmung brauche ich nicht unbedingt immer mehr Zeit, dafür aber benötige ich eine offene und empathische Grundhaltung zu alten Menschen. Es geht um Interesse an diesem Menschen, um Neugierde auf ihn, sein Leben und seine Gefühle. Diese Wahrnehmung vermisse ich manchmal in der Altenpflege. Stattdessen begegne ich vielen Pflegepersonen, die in Abläufen feststecken, sich an Regeln klammern und in Routine geflüchtet haben.

Tausende Altenpflegepersonen machen Tag für Tag eine ganz großartige Arbeit. Mehr Zeit zu bekommen für diese Arbeit, bessere Rahmenbedingungen und mehr gesellschaftliche Wertschätzung, wäre einfach wunderbar, keine Frage. Ich träume allerdings davon, dass wir uns weniger im Klagen verlieren über die mangelnde Wertschätzung unserer Arbeit, dafür aber daran arbeiten, unsere wunderbare Arbeit sichtbar zu machen und damit für Außenstehende verständlich machen, was wir benötigen, um diese Arbeit auch gut machen zu können.

Ich träume davon, dass wir Altenpflegekräfte unsere Arbeit selbst wertschätzen, dass wir erkennen, wie wichtig und erfüllend unsere Arbeit ist und dass wir stolz drauf sind, in der Altenpflege zu arbeiten. Ich hoffe, dieses Buch trägt zu diesem Stolz ein kleines Stückchen bei.

Mit kollegialen Grüßen
Sonja Schiff

Brief an Altenpflege-Politiker

Sehr geehrte Damen und Herren,

viele der Begegnungen mit alten Menschen, die ich in diesem Buch schildere, waren nur möglich, weil ich in meiner Arbeit oftmals nicht so genau auf die Uhr gesehen habe. Ich habe Gespräche in der Hauskrankenpflege fortgeführt, obwohl die bezahlte Pflegezeit längst abgelaufen war. Bei Pflegeberatungen bin ich sitzen geblieben, habe dem Menschen weiter zugehört, obwohl ich wusste, die weitere Zeit wird mir nicht bezahlt. Und so manche Begegnung im Seniorenheim war nur möglich, weil ich jene Tätigkeiten, zu denen ich danach in der regulären Zeit nicht mehr kam, kurzerhand in meiner Freizeit beendet habe.

Tausende Stunden Arbeitszeit werden auf diese Weise in der Altenpflege jährlich gratis erbracht. Keine Weihnachtsfeier im Seniorenheim, keine Osterfeier, keine Ausflugsfahrt, kein Sommerfest ohne Altenpflegepersonal, welches seine freie Zeit einbringt, um den alten Menschen ein paar Stunden Freude und ein wenig Abwechslung zu schenken. Dazu kommen viele Stunden, die Altenpflegekräfte im Jahr länger im Dienst bleiben, als sie eigentlich müssten. Sie bleiben, weil ein Mensch überraschend im Sterben liegt. Sie bleiben, weil ein alter Mensch verstört ist und beruhigt werden muss. Sie bleiben, um zu trösten, weil jemand weint und verzweifelt ist.

Unsere Gesellschaft wünscht sich menschliche Altenpflege. Darunter verstehen Angehörige, dass wir Altenpflegepersonen uns Zeit für ihre Angehörigen nehmen, ihnen ihr Tempo lassen und sie nicht drängen. Wir sollen zuhören, auch wenn eine Geschichte zum hundertsten Mal erzählt wird, wir sollen trösten, wenn die Angst jemanden nicht schlafen lässt. Doch woher die Zeit nehmen, wenn uns so wenig Zeit zur Verfügung gestellt wird? Unsere Tätigkeiten werden mittlerweile minutiös geplant und kategorisiert. Fünf Minuten für die Insulininjektion, fünfzehn Minuten fürs Verbinden des offenen Beines, zwanzig Minuten Zeit für Waschen, zehn Minuten fürs Ankleiden. Für Händehalten und eine Lebensgeschichte anhören, für Tränentrocknen und Trösten sind keine Minuten vorgesehen. Unsere Arbeit wird mehr und mehr zur Fließbandarbeit. Angeblich weil die Altenpflegekosten explodieren und bald nicht mehr leistbar sind.

Manchmal habe ich den Eindruck, als würden pflegebedürftige Menschen nicht mehr als fühlende Wesen gesehen werden, sondern als gefühllose Kostenfaktoren, die gebadet und »gewickelt« werden müssen. Es ist mir, als würden Gesellschaft und Politik vergessen, dass diese alten Menschen nicht immer alt und pflegebedürftig waren, sondern einmal genauso mitten im Leben standen, Kinder bekamen und erzogen, arbeiten gingen, Häuser bauten und nach einem Krieg ein Land wieder aufbauten. Pflegebedürftige alte Menschen sind am Ende einer langen Reise angekommen, und sie erleben gerade, menschlich betrachtet, eine sehr schwierige Zeit. Sie, die einmal Berge erklommen haben, können heute nicht mehr alleine auf die Toilette gehen. Sie, die einmal drei Kinder erzogen haben, brauchen heute jemanden, der ihnen das Essen eingibt. Sie, die einmal ein eigenes Unternehmen geleitet haben oder als Angestellte Jahre ihres Lebens geschuftet haben, müssen heute ins Bett gebracht und gelagert werden. Was denken Sie, was diese Veränderung mit einem Menschen macht? Was denken Sie, was diese Menschen ganz besonders brauchen?

Baden und Duschen, beim Anziehen helfen, zur Toilette führen, Insulinspritze oder Inkontinenzversorgung, das alles ist ein wichtiger, aber nur ein kleiner Teil unserer Arbeit. Der andere Teil unserer Arbeit, der für pflegebedürftige Menschen mindestens genauso wichtige Teil, ist die Begegnung, der Kontakt, als Mensch wahrgenommen zu werden, mit meiner Angst, meiner Freude und meiner Verzweiflung.

Ich wage zu sagen, es wäre genug Geld für eine menschliche Altenpflege da, wie jeder Mensch sie sich wünscht. Aber das vorhandene Geld wird lieber in scheinbar wichtigere Dinge investiert, in Bankenrettungen etwa, in weitere Straßen- und Tunnelbauten oder in aufgeblasene Verwaltungen.

Es ist aus meiner Sicht vor allem eine Sache der politischen Priorität, des politischen Wollens und der politischen Zielsetzung, ob eine würdevolle und menschliche Altenpflege möglich gemacht wird oder ob die Altenpflege der Zukunft sich auf Mindestversorgung, wir nennen dies die Warm-Satt-Sauber-Pflege, konzentrieren muss.

Sollten Sie an einer wertschätzenden und menschlichen Altenpflege, an einer Altenpflege mit Zeit für die Begegnung mit alten Menschen, kein Interesse haben, sollte Ihnen vor allem wichtig sein, dass Altenpflege möglichst wenig kostet und vor allem die Grundbedürfnisse nach Sauberkeit und Nahrung abdeckt, dann haben Sie bitte den Mut, aufzustehen und den Menschen diese Wahrheit ins Gesicht zu sagen.

Mit freundlichen Grüßen
Sonja Schiff

Literatur

Einsicht 1
Die Studie zum Unterschied des gefühlten Alters wurde 2014 von Isla Ribbon und Andrew Steptoe im JAMA *Internal Medicine* veröffentlicht. »Feeling Old vs. Being Old: Associations Between Self-perceived Age and Mortality«, hier der Link: http://archinte.jamanetwork.com/article.aspx?articleid=2020288

Einsicht 3
Die Definition von Weisheit habe ich dem Buch »Zukunft Alter« aus dem Jahr 2010, geschrieben von Andreas Kruse und Hans Werner, Wahl entnommen. Wer genauer nachlesen will, der findet das Konstrukt der Lebensweisheit auf Seite 147 -149 beschrieben.

Einsicht 3
Über das Zitat von Aldous Leonard Huxley betreffend Erfahrung, bin ich auf einer Online-Plattform für Zitate-Sammlungen gestolpert. Die genaue Quelle konnte ich nicht ausfindig machen. Allerdings wird dieses Zitat von vielen Lebensberatern verwendet und ich habe es in einigen Artikeln zum Thema Umgang mit Krisen und Bildung von Erfahrungen wiedergefunden.

Einsicht 4
Das Buch »Das Leben ist zu kurz für Knäckebrot«, auf welches ich mich am Ende der vierten Einsicht beziehe, ist im Jahr 2010 erschienen und wurde von der wunderbaren Sabine Asgodom geschrieben.

Einsicht 6
Die Sicht Albert Camus' zum Sinn des Lebens und das Zitat stammen aus seinem philosophischen Werk »Der Mythos des Sisyphos. Ein Versuch über das Absurde«, das Buch erschien im Jahr 1942.

Einsicht 6
Friedrich Nietzsches Interpretation des Sinns des Lebens stammt aus »Nachgelassene Fragmente Sommer« / Herbst 1873. Absatz 29/ 54. Hier der Link zu diesem Nachlass: http://www.thenietzschechannel.com/notebooks/german/nacha/nacha29a.htm

Einsicht 6
Die Sicht Hannah Arendts auf den Sinn des Lebens ist meine freie Interpretation ihres, im Jahre 1960 erschienenen, Buches »*Vita activa*« oder »Vom tätigen Leben«.

Einsicht 8
Für die Aussage von Naomi Feil zu dementen Menschen und warum sie ihre verdrängten Krisen durchleben müssen, um friedlich sterben zu können, habe ich kein direktes Zitat gefunden. Die Aussage hat sie in einer Weiterbildung getätigt, die ich vor vielen Jahren besucht habe und die mich sehr angesprochen hat, weil sie meinen beruflichen Erfahrungen entsprach. Im folgenden Interview der Zeitung ***Der Standard***, aus dem Jahr 2012, gibt sie aber auf ähnliche Weise Einblick in ihre Sicht auf Menschen mit Demenz: http://derstandard.at/1350259616126/Gerontologie-Altwerden-Demenz-Validation

Einsicht 10
Die fünf Sterbephasen, von Elisabeth Kübler-Ross erstmals beschrieben 1969 in »*On Death and Dying*«. Jenen, die sich für dieses Thema mehr interessieren, empfehle ich ihr Buch »Interview mit Sterbenden«.

Einsicht 10
Die Aussage von Edith Tusch-Bauer zum Endorphin-Ausstoß am Lebensende entnahm ich dem Interview der *Kronenzeitung* vom 8. März 2015. Er ist online hier abrufbar: http://www.krone.at/Oesterreich/Gerichtsmedizinerin_Da_schrillen_Alarmglocken-Causa_Aliyev-Story-442454